진주에 살다,
진주를 쓰다

진주에 살다, 진주를 쓰다

2022년 5월 10일 1판 1쇄 인쇄 / 2022년 5월 19일 1판 1쇄 발행

지은이 송희복 / 펴낸이 민성혜
펴낸곳 글과마음 / 출판등록 2018년 1월 29일 제2018-000039호
주소 (06367) 서울특별시 강남구 광평로 280, 1106호(수서동)
전화 02) 567-9731 / 팩스 02) 567-9733
전자우편 writingnmind@naver.com
편집 및 제작 청동거울

ISBN 979-11-964772-8-8 (03090)

진주에 살다,
진주를 쓰다

송
희
복

글과마음

정년을 앞둔 어떤 소회

나이가 들어간다는 게 늘 일상의 느낌으로 다가온다. 누가 세월을 흐르는 물과 같다고 했나? 저마다의 인생은 영화관에서 두 시간이면 끝나는 영화 한 편의 인생극이다. 인간의 삶이 바로 전광석화다. 이제는 내 지나간 생을 돌아다보면서, 나머지 생을 내다볼 시점에 이르렀다.

나는 외가인 경남 밀양에서 태어났다. 그럼에도 불구하고, 나는 늘 부산 출생이라고 썼다. 그럴 만한 이유가 있었다. 내가 태어날 때, 부산 본가가 따로 있었다. 아버지가 내 출생지를 신고할 때는 본가의 주소지를 공적 기준으로 삼을 수밖에 없었다. 내가 어머니의 태 안에 있을 때부터 고등학교 졸업을 할 때까지 부산에서 살았으니 부산이 고향이다. 하지만 진정한 고향은 마음속의 아늑한 고향이어야 한다. 평생을 두고 어쩔 수 없이 살아왔거나, 가족사나 성장기를 통해 행복한 느낌을 가져야 고향이다. 이런 점에서 볼 때, 내게 부산이 고향이라고 하기에 썩 내키는 것은 아니다. 나는 열아홉의 나이에 진주에 소재한 학교에 입학했고, 스물한 살의 나이에서부터 5년간 울산에서 교사 생활을 했다. 그 후, 서울과 진주에서 오래 살았다. 내게는 내가 사는 곳이 고향이었다. 고향은 마음속에 있는 곳이 아니라, 나에게 실존하는 곳이었고, 또 그래야만 했다.

교사로 더 이상 안주하지 않고, 내가 하고 싶은 공부를 하고 싶었다. 5년 전에 한 학기를 다니던 학교에 복학하기로 했다. 서울로 다시 올라갔다. 1984년 가을이 시작될 무렵이었다. 이때부터 15년간에 걸쳐 서울에서만 살았다. 이 기간에 직장생활이 2년뿐이었지만, 박사학위를 받기까지 모든 과정의 학업을, 또 문인과 학인으로서의 기반을 여기에서 닦았다. 그리곤 진주에 국립대학교 교수로 발령을 받았다. 마흔한 살의, 좀 늦은 나이였다. 내 인생에서 진주와의 인연은 보통이 아니다. 학생으로서의 2년, 교수로서의 재직 기간이 24년이면, 보통 인연이 아니지 않은가? 진주를 주소지로 삼았던 햇수도 십 수 년이었다. 이제 정해진 재직기간도 다되어 간다. 오늘 아침에 일어나 문득 헤아려 보니, 다섯 달이 남지 않았다. 내 인생에서 발자취가 가장 뚜렷한 곳이 서울과 진주다. 내 삶 자체가 서울과 진주로 이어지는 삶이라고 해도 과언이 아니다.

요즘처럼 2주택 소유가 악덕으로 간주되던 시대가 없었다.

내가 서울에서 살 때 부산의 어머니가 늘 걱정이었다. 아우 부부가 가까이 있었지만, 장남으로서의 마음은 또 달랐다. 진주로 내려가니, 어머니를 자주 볼 수 있어서 마음이 좀 놓였다. 그리고 십 수 년이 지났다. 어머니를 더 자주 볼 요량으로 부산에 집을 따로 구했었다. 세상일이란, 뜻대로 되지 않는다. 집을 따로 구하고 나서, 한 해 몇 달 후에 어머니가 돌아가셨다. 내 생각보다 대여섯 해 일찍 닥친 일. 하지만 바다가 보이는 부산 집은 책을 읽고 글을 쓰기에 좋은 공간이 되어주었다. 앞으로 내가 퇴임하면, 서울 집과 부산 집을 오가는 생활이 될 것이다.

나는 운전을 하지 못한다. 늘 시외버스나 고속열차를 이용한다. 서울에서 진주로 가는 길이 남도 천릿길이요. 해운대에서 진주까지는 서행 삼 백리 길이 되려나? 요즘 시인 박목월이 오래 전에 남긴 시 하나가 내 마음 같다는 생각이 든다. 시의 제목은 '진주행'이다. 목월 선생은 출생지가 경남 고성이라지만, 생가도 어디인지 모른다고 했고, 더욱이 인근의 진주와는 아무런 연고도 없다. 어떤 연유로 이 시가 남겨졌는지, 또 창작 배경에 관해 땅띔조차 할 수 없지만, 지금 내 마음을 비추어주고 있는 것만은 사실이다. 시의 일부를 옮겨본다.

아아 진주 삼 백리를

이렇게 허전히 앉아서 간다.

이렇게 허전히 앉아서

내가 허락 받은 인생의

후반 코스에

이런 일 저런 일

할 일을 생각해본다.

—「진주행」 부분

   여기에서의 삼 백리는 단순한 물리적인 공간을 가리키지 않는다. 소리나 울림의 느낌이 와 닿는 일종의 기표라고 할까? 목월 선생은 일찍이 「나그네」에서도 '남도 삼 백리'라고 하지 않았나? 내가 요즘 진주로 갈 때마다 버스의 차창을 내다보면서, 멍하니 이런 일, 저런 일, 앞으로의 할 일을 생각하곤 한다. 젊은 세대의 속어로 하면, 언필칭 '멍때리기'다. 늘그막의 속절없는 '멍때리기'랄까?

   나는 그 동안 사회적 공인으로서 살아왔다. 울산에서는 요즘 개념으로 볼 때 대체복무자로서, 군대 생활하듯이 선생 노릇을 했다. 묘목을 가지고 있던 시기였다. 혼자 살던 서울 시절은 나무를 심고 뿌리를 내리던 시기였고, 교수로 재직해온 진주 시절은 이 나무에서 꽃을 피워온 시기였다. 앞으로의 내 여생은 바다가 보이는 부산 집에서 열매를 맺는 시기가 되기를 바라마지않는다. 진주 시절을 마감하고 있는 지금에 이르러, 나는 내가 한 번도 뵌 적이 없었던 목월 선생처럼, 앞으로의 할 일을 이래저래 생각하곤 한다.

퇴임 후에도 진주는 나와 전혀 무관치 않을 것이라고 본다.

진주교육대학교를 모교로 둔 동문의 한 사람으로서, 또 전직 교수로서 학교의 장래와 발전을 늘 생각할 것이다. 물론 내가 생각하지 않아도 학교 일이 잘 돌아가겠지만. 내 삶의 흔적이 적잖이 남은 지역 사회도 마찬가지다. 진주를 사랑하는 마음은 그대로 간직되리라. 그 동안 내가 진주와 관련된 논문도 적잖이 발표했다. 앞으로도 진주를 소재로 한, 꼭 쓰고 싶은 논문도 두어 편 남아있다. 내년이나 후년에 진주와 관련된 이런저런 논문들을 묶어서 책으로 내고 싶지만, 누가 남의 어려운 논문을 읽을 것인가를 생각하면, 도무지 엄두가 나지 않는다.

이 책은 정년을 기념하는 산문집이다. 동료 교수와 주변의 지인들에게 정년 인사를 대신하기 위한 책이다. 그렇기 때문에, 최소한 부수의 양만큼 인쇄기에 올릴 예정이다. 논문집에 비하면 산문집은 그다지 어렵잖게 읽을 수 있으리라 본다. 이 책을 위해 새로 쓴 글이 절반 가까이 된다. 이미 발표했지만 기존의 저서에 수록되지 않은 글과, 기존의 내 저서에 수록되어 있는 글이, 전체적인 분량 면에서 볼 때 각각 3할, 2할 정도가 된다.

인연이 있는 많은 분들께, 감사를 드린다.

2022년 4월 8일, 지은이 쓰다.

| 차 례 |

제1부

경관, 지지, 문화

진주의 자연경관과 문화경관

진주와 가나자와는 어떻게 다른가

지리산의 사상과 진주의 사상

진주의 기녀 문화에 대하여

진주의 지역어에 대하여

이어령과 진주비빔밥

진주를 찾은 시인들

진주의 자연경관과 문화경관

1

지금으로부터 10여 년 전의 일이다. 진주에서 멀지 않은 이병주문학관에서 세미나가 있었다. 주제는 '지역문학론'에 관한 거였다. 나는 주최 측으로부터 발표의 제안을 받았다. 세부적인 내용은 '경남의 지역문학'이었다. 내가 평소에 관심을 가지고 있는 것을 학교 밖에서 발표하는 것은 지역사회에 내 나름대로 봉사하는 일이기도 해서 흔쾌히 수락하지 않을 수 없었다.

발표 내용 중에서 내가 가장 먼저 의견을 내놓은 것은 지역문학의 세 가지 조건이었다. 이것은 언어와 역사와 경관(景觀 : landscape)으로 나누어질 수 있다. 언어는 그 지역의 고유한 언어니까 방언이나 지역어와 관련된 것이요, 역사는 과거의 지역민이 집단적으로 겪은 삶의 총체적인 체험과 같은 것. 문제는 경관이었다. 경관은 지역마다 다르다. 똑 같은 경관은 있을 리 없다. 지역 경관이 그 지역의 독특함을 드러내는 것은 두말할 나위가 없다. 지역문학은 지역 경관을 무시하거나 도외시하거나 할 수 없다는 게 나의 견해였다.

그런데 그 당시의 지정토론자는 '언어와 역사는 그렇다고 해도, 그까짓 경관은 무슨?' 하는 어조와 논조를 가지고 있었다. 그는 내가 재직하는 지역의 국문과 교수로서 나와는 비슷한 연배의 분이었다. 반응이 워낙 냉소적이어서, 나는 할 말을 잃고 말았다. 경관을 단순한 경치라고 생각했던 모양이다. 그런 고정관념이라면, 어떤 응답도 유효할 것 같지 않았다. 난 더 이상 반응하지 않고, 다만 참고로 삼겠다고만 했다.

2

경관은 경치만을 가리키지 않는다. 옛 사람들은 사람이 살아가는 모습이나 삶의 실상을 두고, '세태(世態)'라는 표현을 사용했는데, 경관은 세태이기도 하다. 먼저 지리학자 두 사람의 견해를 보자. 독일의 오토 슐뤼터는 경관을 자연경관과 문화경관으로 구분하였고, 미국의 칼 사우어는 지리학에서 전자보다 후자가 더 중요하다고 했다. 그에게 있어서 문화경관이란, 인간의 활동에 의해 자연경관이 변화하여 만들어지는 경관인 것이다.

경남의 지역문학이 이루어낸 근래의 문학적 성취 중에서, 최정규의 『통영바다』(1997)와 배한봉의 『우포늪 왁새』(2002)는 괄

목할만한 지역문학의 성취를 보여주었다. 이 두 가지 모두 자연경관을 소재로 삼은 것 같지만, 자연경관에 비추어진 사람들(지역민)의 생태학적 삶의 대응 및 대처를 제시해 보이고 있다는 점에서 문화경관의 문학적인 상상력의 소산인 것임에 틀림없다.

강과 산의 합성어인 강산은 자연경관인가, 문화경관인가. 두 말할 필요조차 없이 자연경관인 것처럼 보인다. 하지만 그렇지 않다. 문화경관으로 사용되기도 한다. 이른바 '사회'라고 하는 낱말은 19세기 말에 일본인 학자들이 고안한 역어(譯語)였다. 영어의 '소사이어티(society)'를 사회라고 했는데, 이는 매우 절묘했다. 동양권에서 사(社)는 토지신이다. 종묘사직이라고 할 때의 사직은 토지신과 곡신(穀神)을 가리킨다. 말하자면 사회는 토지신이 점지해준 공간에 사람들이 모여(會) 이룬 공동체를 의미하는 추상개념인 것이다. 이 공간은 지금의 인터넷상 커뮤니티와 같은 가상공간이다. 그 이전에는 사회라고 하는 근대어가 없었기 때문에 사람이 사는 가상공간을 강산이라고 했던 것이다. 강호(江湖)의 제현(諸賢) 운운할 때 강호 역시 마찬가지다.

한때 진주 춤의 명인이었던 김수악 여사에게 '강산제일무'라는 세평이 있었다. 이때의 강산은 자연경관이 아니라, 문화경관이다. 다시 말하면, 강산은 진주의 문화예술이 빚어낸 전통 춤이 연행되는 인간 세상을 가리킨다. 옛날에 사회라는 말이 없었으니, 강산이라는 말을 사회 대신에 쓸 수도 있었으리라. 다만 이 대목에서, 자연경관으로서의 강산이 아님을 유념해야 한다. 요컨대, 강산제일무란, 다름이 아니라 인간 사회에서 첫 번째로 손꼽히는 명무(名舞)라는 뜻이다.

진주는 독특한 자연경관과 독창적인 문화경관을 가진 곳이다.

먼저 자연경관에 관해 얘기해 보자. 자연경관에서 땅의 결을 이루는 양대 요소는 산과 물이다. 원초적인 지리학인 풍수는 어원적으로 볼 때 '장풍득수(藏風得水)'라는 말에서 나왔다. 바람을 저장하고 감추고 품고 간직하는 것이 산이다. 따라서 풍은 바람을 모으고 갈무리하는 산의 결이다. 반면에 수는 인간에 필요한 물의 얻음을 의미한다. 이처럼 산수의 결을 통해 땅의 결을 탐구하는 게 글자 그대로 '지리(地理)'요, 또 서양에서는 이를 두고 말해 땅에 대한 묘사를 가리키는 '지오그라피(geography)'란 용어인 것이다. 조선시대의 관찬 인문지리서인 『동국여지승람』에 진주를 이런 곳으로 서술하고 있다. 산하(山河)의 경관이 영남 제일이요, 큰 산과 큰 강이 있어 인물이 많고 물산이 영남 여러 주의 절반이다. 이와 같이, 진주의 어제와 오늘이 문화적으로 의미가 있는 것은 산과 물의 조화라는 자연의 풍수적 형승(形勝)과도 결코 무관하지 않다.

진주는 멀리는 지리산과 남해가 앞뒤로 펼쳐진 형승의 입지 조건에서, 여러 산들의 줄기가 뻗어 내린 비봉산을 진산으로 하고, 강 건너 망진산을 안산(案山)으로 삼아, 이 두 산을 사이로, 또 뒤벼리와 새벼리의 틈새로 남강이란 큰 강이 흐른다. 뒤벼리와 새벼리는 진주 남강변의 큰 벼랑을 말한다. 우리나라 토박이말로, 뒤는 북(北)이요, 새는 동(東)이다. 망진산에서 뒤벼리는 동북쪽에, 새벼리는 정동쪽에 위치해 있다. 그래서 생겨

난 이름으로 추정된다. 새벼리는 동쪽의 벼랑이라는 뜻에서, 산청의 생비랑, 통영의 동피랑과 같은 개념이다.

진주는 예로부터 산과 물이 둘러싼 '산하금대(山河襟帶)'의 입지를 갖춘 전형적인 삶의 터전으로 인식되어 왔다. 산은 사람들의 깃이 되었고, 물은 그들의 띠가 되었다는 것. 이 좋은 모듬살이의 입지 조건이 많은 인물을 낳고 기른다는 것은 우리가 지녔던, 전통적인 문화 지리의 관점이었다.

그런데 진주는 산보다 물이 우세한 곳이다. 산과 물이 온전히 조화를 이루어야 하는데, 그러하지를 못했다. 이 입지 조건이 왕도나 수도로 발전하지 못한 까닭이 되기도 했다. 경상도에서 왕도나 수도가 되었던 곳은 경주·김해·고령이지만, 지리상의 거점이거나 교통의 요지거나 농경의 입지가 좋거나 한 곳임에도 불구하고 그렇지 못한 곳은 대구·진주·울산이다. 전자가 고지대라면, 후자는 저지대이기 때문. 얼마 전에 태풍이 왔을 때, 울산이 물바다가 되었지만, 경주는 멀쩡했다. 경주는 천년이 되어도 홍수가 나지 않을 정도의 입지를 지녔다. 경주는 유명한 산들이 예제 놓여 있다. 토함산·남산·선도산·치술령 등이 대표적이다. 진주에는 비봉산·망진산·월아산 등이 있지만, 진주 사람들에게만 유명할 뿐이다. 이에 비해 남강과 진양호는 다른 지역의 사람들에게도 잘 알려져 있다. 최근에 이루어진 지리정보시스템(GIS) 연구에 의하면, 4세기 김해 금관가야의 왕성이 해변에 있음에도 불구하고 해발 30m의 고지대에 지어졌음이 확인되었다.

진주가 수승(水勝)의 장소성을 지녔다는 것은 땅이름 중에 물과 관련된 것이 많다는 것으로 충분히 간파되고 입증될 수가 있다. 하나하나 예를 들면서 쭈욱 나열하면 다음과 같다. 강남동의 천(川)진, 집현면의 강진(津)동, 문산읍의 서정(井), 대곡면의 대포(浦), 수곡면의 대천(泉)리, 금산면의 현지(池), 금곡면의 담(潭)미와 세(洗)경, 진성면의 택(澤)동, 내동면의 아호(湖)동과 상계(溪)리, 지수면의 청원(源)리 등이다. 그밖에도 이런 유의 지명들이 무수히 많다. 청원리의 원(源)은 물길이 끊어지지 않고 흐르는 것을 뜻한다. 지명에서 지(池)·담(潭)·택(澤)은 못을 가리킨다. 이것은 진주에 못이 많음을 말한다. 못은 호(湖)보다 규모가 작다. 또 진주에는 모래 사(沙) 자 지명이 적지 않는데, 모래라기보다 물가의 의미가 강하다. 금산면의 속사리, 진성면의 사곡, 태평면의 사평, 사봉면의 사동이 대표적이다. 한자가 아니라 토박이말로 된 물 관련 지명도 적지 않다. 지내(초전동·대곡면), 새미골(사봉면), 못안(금산), 무실(수곡면), 모늪(지수면) 등이 그것이다. 늪은 물이 고이거나 흐르는 곳에 땅바닥이 쑥 들어간 부분의 지형을 말하는데 한자로는 소(沼)로 표현된다. 진주 지리의 중심은 진주성이다. 자연과 인공이 조화를 이룬 공간이다. 맞은편에 갈 때는 늘 배로 건넜다. 칠암동과 망경동 일대를 가리켜 '배건너'라고 했다. 진주성의 대안(對岸) 너머에 있는 곳, 배로 건너야 갈 수 있는, 교통이 불편한 곳. 진주의 물 관련 지명의 압권이다. 공식적인 행정 지명은 아니지만 진주 사람들의 생활 속에 녹아있는 땅이름이었다. 진주에 다리가 처음 생긴

때는 1926년이었다. 다리가 생기면서 이 지명도 차츰 사라져 갔지만, 나는 이 지명을 21세기 초반까지 들었다. 지금은 거의 듣지 못한다. 다리가 생기고 80년 가까이 지나서도 이 잔영이 존속한 것은 지명의 보수성을 여실히 말해주는 것이기도 하다.

나는 학생으로서 진주에 살았고, 졸업 후 20년 만에 선생으로서 진주에 부임해 왔다. 20년간의 시간적인 틈새에 진주를 거의 오가지 못했다. 이 20년 동안 그야말로 강산이 두 번이나 바뀌었다. 여기저기 다리가 생기고, 무엇보다 학교 주변이 거대한 논밭이었는데, 신안동과 평거동에 대규모의 택지 개발이 이루어졌다. 학창시절에는 갓 생긴 인공호수 진양호로 인해 아침이면 자주 안개가 끼여 시야를 가리곤 했었다. 무언가 신비감을 주는 이국적인 분위기였다. 김승옥의 「무진기행」에서 묘사된 것에서나 볼 수 있는 그런 분위기였다. 소위 지금의 '10호 광장'에 가까운 들말의 논에 동급생 전체가 동원되어 모내기 품앗이를 하기도 했다. 지금 진주에선 가장 번화한 곳이다.

3

사람들은 자연경관을 그대로 내버려두지 않는다. 진주는 산업화 이래 진양호, 신안동·평거동 일대, 혁신도시 등을 개발해 왔다. 진주 시민들은 자신들만의 의미 있는 세계를 만들어 가기 위해, 물리적이고 객관적인 공간을 상대적이고 인간적인 공간으로, 이처럼 변화시켜 나아갔던 것이다. 앞의 공간을 두고 장소(place)라고 한다면, 뒤의 공간을 가리켜 입지(location)라고 한다. 장소가 자연경관이라면, 입지는 문화경관이다.

문화경관은 포괄적인 개념이다. 전통이나 역사와 관련된 석물이나 석축, 시각적인 이미지도 그 지역의 문화경관이라고 본다. 과거에 진주성과 그 언저리의 해자(垓字)를 해체한 것도, 다시 성문을 복원한 것도, 최근에 외성을 발굴하려고 노력하는 것도, 십 수 년 전에 논개의 표준 영정을 새롭게 만든 것도 그러하다. 자고이래로 수많은 시인, 화인, 묵객이 진주성과 촉석루를 시와 예술의 소재로 삼아왔다. 수백 년 동안 문화예술의 주역으로 살아온 진주 기생들은 전통적으로 황색 저고리에 남치마를 입었다. 한국화가 박생광은 이와 관련된 몇 가지 이미지를 화폭 속에 담기도 했다. 조선시대부터 북평양과 남진주, 남원 소리에 진주 춤 등의 표현이 있었다. 진주는 명실 공히 춤의 고장이다. 수많은 진주 춤이 문화재로 전승, 계승되어 오고 있다. 이러저러한 것들이 문화경관의 포괄적인 영역 속에 포함되기도 하는 것이다.

마지막으로, 말 한마디 남기려고 한다.

진주는 교육도시이기 때문에 학생들이 많이 모인다. 하지만 졸업과 동시에 다들 썰물처럼 빠져나가 버린다. 젊은이들이 취업해야 할 직장이 없다는 게 가장 큰 이유인 것 같다. 인구수가 적으니 소개 받을 상대자도 적다. 즉, 젊은 남녀에게 만남의 기회가 적다. 그래서 젊은이들은 진주를 '적막강산'이라고 한다.

반면에 진주는 학교 · 병원 · 관공서가 많기 때문에, 교수, 교사, 의사, 공무원 등이 많다. 이들 사회 계층에게는 은퇴 후에도 생활을 보장 받을 수 있기 때문에 진주야말로 '만고강산'이기 십상이다.

강산은 강과 산을 가리키는 것이 아니다. 이 대목에서 적막강산이니 만고강산이니 하는 것은 문화경관이다. 진주는 앞으로 젊은이들이 들어와 취업할 수 있는, 또한 가족과 함께 정주(定住)하면서 생활을 즐길 수 있는 공간으로 변화하거나 만들어가거나 해야 한다. 요컨대 진주는 그냥 말로만 혁신하는 혁신도시가 아니라, 문화경관을 위한 혁신도시가 돼야 한다.

진주와 가나자와는 어떻게 다른가

1

내가 지금 근무하고 있는 지역인 진주는 진주성이 상징적이다. 초행의 여행객이 진주에 와서 진주비빔밥으로 점심을 때우고 진양호를 둘러본 후에 진주성도 보지 않은 채 훌쩍 되돌아가버린다면, 통속적인 표현으로 '팥소 없는 찐빵'이 되고 만다. 실제로 그런 사람이 있었다고 들었다.

우리 학교의 일본 자매 학교인 아이치 교육대학은 우리 학교의 축제 기간에 해마다 학생들을 보낸다. 여정에는 꼭 진주성이 포함되어 있다. 한번은 그 학생들이 남긴 메모를 본 일이 있었는데, 어느 학생이 진주성을 가리켜 '오쿠후카이(おくふかい)'라는 형용사 표현을 사용하기도 했다. 내가 주목한 그 표현은 우리식의 한자어 낱말로는 '심오한'에 해당하는 말이다. 이 말이 '심오'에서 글자가 뒤바뀐 상태인 '오심한(奧深い)'으로 직역

되는 단어다. 한국 한자어의 '심오'와 일본적 표현의 '오심'은 비슷하면서 어감의 차이가 분명히 있다. 학문과 진리와 사상이 심오한 것이라면, 탑과 성벽과 건축물 따위의 설치물은 오심한 것이다. 어쨌든 한 일본 학생이 진주성을 보고 예스럽고 깊고 그윽한 느낌을 받았다. 일본의 유명한 도시마다 왜성이 있지만 현대식으로 재현된 것이 대부분이다. 이에 비하면 진주성은 고아(古雅)의 정취가 감돈다.

진주성은 (진주 사람들이 본성이라고 하는) 내성만이 남아 있다. 외성과 해자는 진주 말로 소롯이(온전히) 사라졌다. 하지만 진주의 성안에는 관청의 흔적이랄지, 본디 모습의 석축이랄지, 역사적인 사연들이 그득한 촉석루와 의기사 등의 건축물들이 있다. 진주는 진주성 하나만으로 전통 도시의 인상이 뚜렷한 도시다.

2

나는 올해(2018) 일본의 가나자와에서 개인적인 여름휴가를 보냈다. 숨이 막히는 폭염 속에서 5박 6일을 보낸 가나자와는 동해(일본해)의 가장자리에 위치한 곳. 굳이 여기를 휴가지로 선택한 데는 동경과 아타미, 오사카와 나고야 등의 태평양변의 장소성에 익숙한 나로선, 각별한 느낌의 일본 체험이 될 것 같아서였다.

가나자와는 내가 지금 근무하고 있는 지역인 진주와 잘 비교될 수 있는 도시이기도 하다. 하지만 결론적으로 말해 진주와 가나자와는 너무 달랐다. 어떻게 다른가 하는 문제 제기에 앞서 무엇이 같은가—혹은, 비슷한가—에 대한 고찰이 먼저 있어야 할 것 같다. 가나자와의 인구가 물론 진주에 비해 수적으로 10만 명 정도 더 많지만, 진주와 가나자와는 가운데 중(中) 자의 전형적인 중도시이다. 이 두 도시는 전통 도시로 유명하다. 진주는 고즈넉한 옛 성이 아직 남아 있고, 가나자와는 곳곳에 전통 가옥이 잘 보존되어 있다. 이로 인해 두 도시는 관광 도시이기도 하다. 어디 이뿐인가. 두 도시는 예술과 문화가 넘쳐나는 곳이요, 특히 한때 예기(藝妓)의 고장으로 유명한 곳이기도 하다. 중요한 것은 두 도시가 과거의 잔영만이 남아 있는 곳이 아니라는 사실이다. 전통적인 것만 묵수하는 게 아니라 새로운 것도 추구하는 도시다. 진주는 천년 고도(古都)이면서 혁신 도시이고, 가나자와는 전통 도시이면서 유네스코가 지정한 창조도시이기도 하다.

이처럼 같거나 비슷하거나 한 진주와 가나자와는, 어떻게 서로 다른가? 경제적인 수익의 측면을 고려할 때 관광객의 숫자가 우선 다르다. 정확한 통계 수치는 알 수 없지만, 차이가 클 것으로 보인다. 일본인들이 가장 가고 싶어 하는 국내 여행지가 가나자와다. 진주는 계절이 좋은 5월과 10월에 관광객이 집중하고 있지만, 가나자와의 경우는 혹서와 혹한의 시기에도 사람들이 꾸준히 몰려든다.

두 도시의 결정적인 차이는 보존 의지에 있다.

진주의 전통 문화에 대한 보존 의지는 상대적으로 미약하다. 무형 문화재는 그렇다고 치자. 가옥이나 건축물은, 조선 시대의 것은 고사하고 일제강점기의 것도 남은 게 별로 없다. 진주가 예기의 고장이라고 하지만, 교방과 권번, 요정이나 주점이 흔적도 남아 있지 않다. 가나자와는 게이샤들이 가무를 행하던 옛 찻집 거리가 세 군데나 보존되어 있다. 일본인들은 찻집을 한자로 '다옥(茶屋)'이라고 하는데 사실은 고급 요릿집이다. 가나자와의 이층집 '시마(志摩)'는 국가문화재 건축물로 지정된, 2백년 역사의 그윽한 찻집이다. 성 아랫마을의 사무라이 거주지와 옛 민가를 모아놓은 소위 '에도무라'도 인상적이었다.

가나자와 시가 1960년대 말부터 끊임없이 조례를 만들어가면서 전통의 보존에 신경을 곤두세워 왔음을 잘 알 수 있다. 가나자와는 과거만이 능사가 아니다. 현재에도 복무한다. 본디 공예의 고장이었다. 일본의 금박(金箔) 공예품 9할 이상이 예로부터 가나자와 산(産)이라고 한다. 가나자와가 우리 한자로 '금택(金澤)'인 것은 사금파리를 길어 올리는 연못에서 유래되었다는 데 있다. 지금의 가나자와에는 공예의 직인(장인)을 육성하는 학교인 우타츠야마 공방이 있고, 예술 활동을 연습하는 공간인 '시민예술촌'도 운영되고 있다. 이 운영의 주체는 시민들이다.

가나자와는 또 미래로 열려 있다. 수많은 관광객들은 21세기 미술관을 보러 오는 경우가 많다. 이 미술관에는 그림이든 설치물이든 첨단의 전위 예술품이 전시되어 있다. 하나하나의 전시품을 보면 (아무리 모든 전위적인 예술이 살아있는 것이라고 하지만) 이게 뭐야, 이건 또 뭐야 하는 생각이 든다. 정지된 영상의 컬트무비, 혹은 뽕짝보다 인간적인 감동을 전해주지 않는 소음의 모던한 예술음악과 같다. 내 생각으로는 미술품보다 미술관이 더 예술적이다. 물론 미래의 관광객들은 미술관보다 미술품에 더 감동을 받겠지만 말이다.

진주는 가나자와를 통해 성찰해야 한다. 진주는 춤의 고장이다. 예로부터 '남원 소리에, 진주 춤'이라는 말이 있었다. 여섯 가지의 진주 춤이 지금 문화재로 등록되어 있다. 서예와 그림도 유명해 예향이라고도 했다. 말로 만 예향이지 단기 과정의 시립 전통무용학교도 없고, 서화를 즐기려는 시민들의 연습 공간도 제공되지 않는다. 앞으로 구도심 공동화 지대를 개발해 진주 춤 상설공연장과 (시민들의 기증품으로 전시될) 향토미술관이 설립돼야 한다. 또, 가나자와의 21세기 미술관처럼 미래를 위한 혁신의 볼거리도 구상해야 한다. 일주일 정도의 단기 연수를 위해, 시청 공무원들을 가나자와에 단계적으로 보내는 것은 또 어떨까?

3

가나자와 성의 너른 터 위에는 재현된 전통 건물이 세워져 있다. 물론 예스럽거나 깊고도 그윽한 맛이 전혀 없다. 다만 현대식 찻집에서의 유리벽을 통해 이 모습을 앉아서 바라볼 때, 사람들이 관조하는 경관이 마치 정갈하고도 절묘한 그림 같다고나 할까. 일본인들에게는 이처럼 사물을 관조하거나 자연을 완상하는 데 있어서 상식의 허를 찌르는 기발함이 있다.

현대의 차도 너머에는 옛 성주의 가족들이 즐기는 정원이 있다. 지금은 차도 위의 구름다리로 이어지는 곳. 2백년 걸쳐 만든 정원이라나, 어쨌다나. 지금은 국가가 지정한 문화재급 정원으로 대접을 받고 있다. 내가 여기에서 인상적으로 바라본 것은 바쇼(芭蕉)의 시비였다. 그는 일본의 전통 시가인 하이쿠의 상징적인 인물이다. 그는 가나자와에 와서도 하이쿠를 남겼던 것이다. 일본어로 열일곱 자에 지나지 아니한, 극도의 단형 시가 하이쿠. 세상에서 가장 짧은 서정시다. 오래된 돌 위에 새겨진 그 시의 내용을 우리말로 직역하면 이렇다.

붉디붉은 날
난처한 얼굴에도
가을의 바람

내가 의도적으로 열일곱 자로 옮겨 보았다. 바쇼는 이 시에서 '난면(難面)'이라는 한자어를 사용했다. 우리식의 직해라면 곤란한 얼굴, 난처한 모습을 한다는 뜻으로 이해되겠지만, 일본의 표현 관습으로는 '쓰레나쿠(つれなく)' 즉 '무정하다'는 뜻이 적확하다. 바쇼의 하이쿠를 정확히 옮기면 이렇다.

단풍잎이 붉디붉은 날에는 가을바람이 무정하다.

가을에 바람이 불어 붉디붉게 고운 단풍잎을 하염없이 지게 한다는 것. 아름다움이 소멸하는 한 순간의 무상감이란! 아니, 가장 일본적인 미의식의 하나인 '모노노아와레'야말로 이런 게 아닐까 한다. 사물을 관조하면서 젖어보는 그 애상의 감회 말이다. 하이쿠는 세계적으로 잘 알려져 있다. 일본 하이쿠의 상징적인 존재인 바쇼의 잔영과 진가가 이 가나자와에도 남아 있었던 거다.

나의 여름휴가는 숨 막히는 폭염 속에서 체험한 5박 6일이었다. 언젠가 무르익은 가을날에 겨를이 있으면 가나자와에 다시 한 차례 더 다녀왔으면 한다. 바쇼가 바라보았던 가을바람 속에 지는 붉디붉은 단풍잎의 정취를, 나도 직관으로 느껴보았으면 한다.

지리산의 사상과 진주의 사상

　문학과 지지학(地誌學)의 상관관계를 규명하는 이른바 '지리적 문학(geographical literature)'이란 개념이 있다. 진주 지역의 거대한 배경이 되는 지리산을 지리적 문학의 관점에서 볼 때 가장 대표적인 사례로 손꼽히는 것은 박경리의 「토지」 제1부와 이병주의 「지리산」이다. 이 두 작품은 질량의 면에서 매우 웅숭깊은, 한 시대의 대작이라고 평가된다.

　이 두 작품에 녹아 있는 문학사상 가운데 하나의 것을 손에 꼽는다면, 이른바 '산천(山川)의 사상'이라고 할 수 있다. 얼마 전에 돌아가신 김윤식 선생께서 제안한 개념 틀이요, 하나의 탁견이기도 하다. 임금을 위한 사상도, 백성을 위한 사상도 아닌 산천의 사상 말이다. 민족주의도, 사회주의도 아닌 그 산천의 사상 말이다. 이병주의 소설 「지리산」에서도 이 비슷한 논리가 녹아 있다. 인간의 제도와 이데올로기는 변해도 산천은 변하지 않는다. 그는 '조국보다 산하(山河)'라는 논리를 폈다가,

군사 정권으로부터 무정부 내지 반(反)정부를 선동했다는 사상적인 의심을 받고 옥살이를 했었다. 어떻게 보면 '조국보다 산하'의 논리 내지 사상은 박경리적인 '산천 사상'보다 더 시기적으로 앞서 있다고 하겠다.

나는 며칠 전에 이병주문학관에서 이병주의 소설 「관부연락선」에 관해 주제 발표를 했다. 지리적 문학의 관점에서 볼 때, 이병주의 「관부연락선」에서는 동경과 진주라는 두 지역이 소설 줄거리의 중요한 실마리가 되고 있다. 이 소설은 일부분이 제국의 수도인 동경에서 일어난 일이지만, 대부분은 해방기 진주의 시대상, 사회상을 반영하고 있다.

지리산의 사상이 장풍득수를 배경으로 한, 매우 포용적인 의미의 일종의 산천의 사상이라면, 이를테면 진주의 사상은 거점의 사상이라고 하겠다. 거점이란, 활동의 근거가 되는 지점을 말한다. 진주의 사상은, 임금을 위한 사상과, 백성을 위한 사상 중에서, 둘 중의 하나를 선택해야 하는 사상이다. 김시민의 충절과 논개의 항거(순국)는 군주를 위한 사상이요, 진주민란이 19세기 임술년 전국 민란의 도화선이 되고, 20세기 초반의 형평사 운동이 백정 해방의 첫 번째 기치를 밝힌 것은 일종의 위민 사상이다. 소설 「관부연락선」에서 유태림이 교사로 재직하던 혼란한 해방정국의 진주는 좌와 우를 선택해야 하는 소위 거점의 사상, 혹은 사상의 선택이 자리하는 공간이었다.

이 소설의 본문에 의하면, 진주는 촉석루를 중심으로 남강이 흐르고, 강 건너에는 백사장과 죽림이 펼쳐져 있고, 망경산(망진산)과 비봉산이 남북으로 서로 마주보고 있다. 지리산에 잠입해 머잖아 여성 빨치산이 될 서경애의 눈길은 서상대에까지 미친다. 그녀는 진주가 아름다운 곳이라고 감탄하고 있다. 진주가 영남에서 가장 아름다운 장소성을 지닌 곳이라는 평판은 이미 고려시대의 문헌인 『파한집』의 첫머리에도 나오는 얘기다. 진주는 예로부터 '산하금대'의 자연 풍광으로 유명한 곳. 예제의 뭇 산은 옷깃을 세운 듯하며, 남강의 흐름은 마치 띠를 두른 것 같다. 진주는 교통의 요지이기 때문에 물류와 유통의 거점이 되었고, 또 사상이니 이념이니 하는 것도 모이거나 스쳐 지나가기 용이하였다. 그리하여 시대의 격랑에 휩쓸린 극단주의자들에 의해 강잉히 무장된 이데올로기 앞에는 경관의 아름다움이 무엇이고 산천의 의연함이 무엇이고 간에 그 압도하는 힘에 미치지 못하는 측면이 없지 않았을 터이다.

내가 진주에 부임하던 1998년에, 지리가 익숙하지 않아 주로 택시를 이용했다. 한번은 나보다 20년 정도 나이가 든 60대 초반의 기사분이 그랬다. 소년 시절인 한국전쟁 때, 비봉산에서 말티고개로 이르는 능선으로 선발대가 진공하던 일이 생생하다고. 그 속도가 엄청나게 신속하고 질서정연했다고. 진주를 진공한 선발대가 정규 인민군인지, 지리산 빨치산 부대인지 알수 없다. 지리적으로 잘 아는 후자가 진공의 길라잡이가 되었는지도 모른다. 만약 그렇다면, 그들은 지리산의 사상을 버리고 진주의 사회주의 사상으로 무장한 채 진입했을 것이다.

전체를 아우르며 포괄하고 포용하는 소위 지리산의 사상이

실종한 가운데, 오로지 좌우의 거점을 확보하려고 가파르게 대립하고 충돌하던 해방기, 한국전쟁기에 있어서 진주의 민족주의 사상이 시의적으로 유효했을까를, 생각하게 된다. 또한, 극단으로 치우지지 않는 중간자 유태림의 중도적인 삶이 현실적으로 가능하기나 했을까, 하는 생각도 든다.

　앞으로도 그럴 것 같다.

　지리산의 사상인가, 진주의 사상인가. 산중에의 은신인가, 도심에의 참여인가. 심처인가, 거점인가. 양비론적인 포용인가, 양자택일의 갈림길인가. 내 생각으로는 무사한 화평 시대에는 전자가 입지를 마련할 것이요, 정치적으로나 경제적으로 난세에는 물론 후자가 뿌리를 내릴 것이라고 보인다.

진주의 기녀 문화에 대하여

　경남의 지역 문화 중에서 역사적으로 자랑스러운 것이 적지 않다. 지리산과 낙동강을 중심으로 산자수명한 자연 배경 속에 형성된 가야문화, 조선 중기의 남명 학파, 부산·울산까지 포함하여 동남(東南) 문화권 전역에 걸쳐 골고루 유포되어 있는 전통 춤의 다양한 세계 등이 그 대표적인 사례가 될 것이다.

　그런데 경남의 지역 문화 가운데 일반적으로 잘 알려져 있지 않아서 앞으로 가치의 재조명이 시급히 요청되는 것도 적지 않다. 이를테면 남쪽의 해안선을 따라 분포되어 있는 분청(粉靑) 계통의 사발의 생산이 한 예가 된다. 막사발을 포함한 각종 식기류 사발, 또한 일본에선 국보로 지정되어 있기도 한 찻사발 등등이 문화재로서 새로운 빛을 발하고 있다. 어디 그 뿐이랴? 김해 지역이 조선후기 실학파의 한 거점이 되었다는 사실, 함양 지역에 누정(樓亭) 문화의 전통이 현재에도 시퍼렇게 살아 있다는 사실, 진주 지역에는 전국적으로 유례가 거의 드물게 기녀(妓女) 문화의 꽃이 아름답게 피었다는 엄연한 사실 등이 경남 지역의 전통적인 문화를 사랑하는 사람들의 가슴을 매양 설레게 한다.

나는 이 글을 통해 진주의 기녀 문화에 관해 언급하고자 한다. 진주는 전통 기녀의 사회를 구성한 교방과 근대적인 형태의 기녀 양성소인 권번이 있었던 곳이었다. 진주는 과거에 행정적인 중심지였고 소위 풍류라고 하는 여흥 문화를 자연스럽게 받아들일 수 있었던 곳이었다. 북평양, 남진주라고 하여 예로부터 평양과 진주는 색향(色鄉)으로 이름이 높았다. 무엇보다도 진주에 토지가 비옥하고 자원이 풍부하였다거나, 혹은 그렇기 때문에 (택리지에서도 증언하고 있듯이) 여유 있고 풍족하게 놀고먹는 사람이 많았다거나 했던 사실이, 진주에 기녀 문화의 꽃을 활짝 피울 수 있었던 물질적 토대 내지 사회경제학적인 이유가 되지 않았겠느냐고 짐작할 수 있다.

과거의 진주 기녀들은 문화예술적으로 춤을 계승, 발전시키는 데 큰 역할을 하였고, 교양의 문맥에서는 문학의 작품을 적당히 남기기도 했으며, 사상과 실천의 측면에서 볼 때 절의를 숭상하여 후세의 귀감이 되기도 했다. 이러한 애깃거리들은 진주 기녀 문화의 가장 중요한 부분을 이루고 있다.

진주 기녀 문화 중에서 각별히 우리의 주목을 끌게 하는 것은 문학 부문이다. 주지하는 바, 기녀문학은 기생과 관련된 문학이다. 기생이 작가이거나 기생을 소재로 한 문학을 가리킨다. 동서고금의 문학에는 남녀 간의 사랑을 제재한 문학이 무수히 많을뿐더러 질적으로도 높은 수준에 도달한 경우의 작품들도 적지 않았다. 연애 문학이 통속적인 성격의 범주를 벗어나지 못한 경우가 대부분을 차지하고 있지만, 불후의 작품성이니 불멸의 고전적 품격이라고 불리어지는 문학도 대부분 남녀 간의 사랑의 감정을 소재로 한 경우가 많았다. 진주의 기녀 문학이 전통적인 의미의 정한론(情恨論)으로부터 크게 벗어나지 못하고 있어 일쑤 범박해 보이는 것 같지만, 연애 감정을 절제하거나 억압하거나 하는 관습에 익숙한 우리의 문학적인 전통을 잘 보완해주고 있는 기녀문학, 여성 문학의 각별한 의미 형성에 일부 기여한 측면이 없지 않았다. 황진이의 시조와 이매창의 한시 등에서도 보듯이 작가의 역량이 작품의 우수성을 담보한다. 이런 관점에서 볼 때 진주 기녀 문학의 전통은 뚜렷이 두드러진 기녀 작가나 일반인들에게 잘 알려진 특별한 기생 시인을 가지지 못했다. 그럼에도 불구하고, 그것이 제 나름의 훌륭한 전통, 또한 전통적인 흐름을 가지고 있었던 것은 엄연한 사실이다.

들리는 소식에 의하면, 진주 기녀의 문화를 널리 알리기 위해 기념관이나 자료실을 건립할 계획이 있음이 지역 언론을 통해 밝혀지자 여성 단체로부터 격렬한 항의를 받았다고 한다. 그 이유는 시대착오적이라는 데 있다.

그러나 기생이 남성들의 성적 노리개에 불과했고, 기방(妓房)이 전근대적인 풍속의 단면에 지나지 않았고, 기녀의 문화가 남성중심적인 문화의 결과로만 규정될 수밖에 없는 것이라고 한마디로 잘라서 말할 수만은 없다. 3·1운동 전후로 양반집 규수들이 세상 물정 모르고 집안일에 몰두할 때 전국의 기생들은 학생들에게 정보를 제공하거나 만세 운동에 스스로 참여했다. 특히 진주 기녀의 공동체에서는 임진왜란 때 논개 이후 나라가 어지러운 시대마다 의로운 기생들이 등장하여 사회적인 추동력을 이끌어내는 일에 적극적으로 가담했다. 또한 이 공동체를 통해 신주 지역의 예술을 갖가지 무형 문화재로 전승, 발전시켜 오지 않았던가?

문화는 다면성을 가진 것이다. 일면적인 것 하나로써 전체적으로 성격화하려는 것은, 마치 장님이 코끼리 다리를 붙잡고 빡빡 우기거나 화를 내는 것과 마찬가지일 것이다.

진주의 지역어에 대하여

젊은 시인 장혜령은 2017년에 시인으로 등단했다. 무명의 민주화운동가인 아버지가 존재하는 진주교도소에서의 특별면회와 관련된 소재의 시 「이방인」이 등단작이었다. 그는 최근 2019년에 '진주'라는 제목의 소설을 간행하기도 하였다. 등단작인 시에서 다 담지 못한 사연을 산문으로 다시 쓴 게 소설 「진주」다. 처음엔 자전적인 기록문학 정도로 생각했다. 자신의 은사이기도 한 소설가 한강이 소설로 이름 붙이는 게 좋겠다는 조언에 따라 소설이 되었다. 애초의 기획에서 소설이 되기까지 물론 소설의 색깔에 걸맞은 퇴고가 있었을 것이다. 어쨌든 이 소설은 기록과 허구의 경계를 오간다.

소설 「진주」는 3백 면 가까운 분량의 책이다. 그런데 진주에 관한 내용은 8면 정도에 지나지 않는다. 여기에는 진주가 보여준 객관적인 경관의 묘사와, 진주에서의 머묾에 대한 시간의 추이와, 자신의 비일상적인 경험에 대한 인상 등이 담겨 있다.

"노쇠해가는 이 도시에서 큰 병원들은 나이트클럽보다도 성업 중인 유일한 장소였다." (218면)

내가 보기에 가장 와 닿는 문장이다. 결코 틀린 말도 아니다. 하지만 진주라는 도시 전체가 노쇠한 것도 아니다. 진주의 이방인인 작가가 발을 디딘 곳이 주로 구도심인 것 같다. 진주에 병원이 많다는 것은 그가 진주를 제대로 보았던 관찰의 결과다. 서부 경남 주민들까지 모두 이용하는 곳이기 때문이다. 진주는 학교도, 병원도, 공공기관도 많다. 거점 도시이기 때문이다.

진주의 도시적 구조는 실제로 다층적이다. 노쇠한 구지구만 있는 게 아니다. 구지구 외에 신지구와 혁신지구도 있다. 혁신지구는 아직 미완의 지구이기 때문에, 지금은 신지구 중심의 도시라고 할 수 있다. 신지구들이 서로 옹기종기 모여 있는 게 아니라, 여기저기 멀리 떨어져 있는 산만한 도시 구조다. 하지만 작가는 서울 사람으로서 이질적인 진주의 말에 시쳇말로 필이 꽂힌 것 같다. 단순한 말뿐만이 아니라, 여기에는 말씨와 말투까지 포함한다.

어느 가게에서나 진주 말과 서울말을 섞어 말하고 있었다. 이웃에게는 진주 말, 뜨내기에게는 서울말. 시내버스 정류장에서는 학원가는 버스를 기다리는 어린 아이들이 저희들끼리는 서울말을, 집에 전화할 때는 진주 말을 썼다. 이제는 멀리 가는 버스나 시장 통 늙은 여자들의 대화 속에서야 온전한 진주 말을 들을 수 있었다. 시장의 식당을 나올 때,

늙은 진주 여자와 아들 뻘의 나이든 남자 손님이 진주 말로 이야기 나누는 모습을 보았다. (223면)

작가는 언어의 이질감 때문에, 이른바 진주 말에 집중한 것 같다. 진주 말이란, 진주 지역어를 말한다. 한두 번 경험하고 직관적으로 진주 말을 감지할 수 있다는 것은 거의 불가능하다. 작가 말한 진주 말은 경상도 방언을 총칭하거나, 독특한 억양의 서부 경남 방언 정도일 것이다. 이 정도라고 해도, 미세한 차이의 어감을 분별해내기 어렵다. 특별한 어학 전문가가 아니고서는.

지금부터 소위 진주 말, 즉 진주 지역어에 관해 말하려고 한다. 경상국립대학교 박용식 교수는 진주 토박이다. 나의 대학 후배이기도 하다. 그는 고향의 말인 진주 말에 관해 관심이 많다. 그의 진주지역어 기초 조사에 의하면, 진주의 대표적인 지역어 '에나'의 경우 초등학생과 중학생은 각각 10% 미만, 20% 미만이 사용하고 있으며, 진주 지역의 대표적인 의문법인 '어디 가노?'의 경우에 상대적으로 낮은 사용 비율을 보였으며 대신에 '어디 가?' 형(型)을 전 계층에서 가장 많이 사용하고 있단다. 이런 점에서 볼 때, 작가 장혜령의 직관적인 감지 능력은, 소설가이기 때문인지 뛰어나다고 하겠다.

나는 24년째 진주에서 재직하고 있다. 국어 선생이기 때문에 진주 지역어가 귓속에 쏙쏙 들어온다. 하지만 진주 지역어라는 게 듣기가 거의 어렵다. 말도 평균적인 상태를 지향하기 때문이다. 일반적으로 볼 때, '에나'는 진주를 대표하는 지역어로 간주되고 있다.

니 이사 간다 카더만 에나가? (네가 이사 간다 하더니 정말이냐?)

이 '에나'는 기실 진주에만 쓰는 말이 아니다. 진주, 고성, 통영, 거제 등 진주 가까운 남쪽에서 쓰는 말인 것 같다. 동쪽으로 가면서 발음도 '애나'로 접근하는 것 같다. 내 큰어머니는 김해 토박이분인데, '애나'를 가끔 쓰셨다. 뜻은 정말, 참말보다는 '오히려'의 뜻이었음이 아련히 기억된다.

박용식 교수가 '어디 가노?'를 진주 지역어라고 보았는데, 이 말은 경상도 방언으로 폭넓게 쓰였다. 부산에서도 자주 쓰는 말이다. 딱히 진주 지역어라고 볼 수 없다. 나의 직관과 경험에 의하면, 다음과 같이 표현하는 게 진주 지역어라고 본다.

아요, 어데 가네?

가장 가까운 표준어로 옮기면, '아니, 어디에 가니?'이다. 이 역시 딱 들어맞는 건 아니다. 진주 말 '아요'는 특별한 의미도 없이 쓰는 간투사이기 때문이다. '—네'는 진주에만 있는 의문형 어미가 아닐까, 한다. 진주 지역어로 분명해 보이는 문장이 또 있다. 현재 시제의 추측을 나타내는 형태인 'ㄴ가 봐'는 진주 지역어로 'ㄴ갑서'에 대응하는데, 이 돌발적인 형태에 대해선 내게 전혀 이해되는 바가 없다. 지금 진양호에 가면 왕벚꽃이 피는갑서. 다른 지역에는 전혀 쓰지 아니하는 형태인 듯싶다. 진주 말 화자인 박용식 교수가 풀어야 할 과제가 아닌가 한다.

다시 낱말로 돌아가 보자.

내가 보기에 진주의 노년층이 가물에 콩 나듯이 쓰는 지역어가 있다. 즉 '소롯이'다. '온전하게'라는 뜻의 부사다. 그런데 경북 일부 지역에서도 쓰이기도 하고, 함경도 출신의 동시 작가인 강소천의 동시 작품에도 등장하는 낱말이다. 그래도 이 말은 진주 지역어로 간주되어야 한다. 그도 그럴 것이, 제한된 지역이나 제한된 상황에서 쓰는 희귀한 사례이기 때문이다. 또 이런 좋은 말은 복원되어야 한다. 우리말 전체의 발전을 위해서도.

진주에만 오로지 사용하는 단어는 거의 없다. 만약 그런 게 있다면, 나는 '수병이' 정도를 꼽고 싶다. 이 말은 진주의 젊은 이들이 전혀 모르는 말이다. 현실 발음은 '수뱅이'와 '수배이'의 중간 소리인 듯하다. 이것은 왕잠자리를 가리키는데, 경우에 따라선 일반 잠자리까지 지칭한다. 고향은 산청이지만 평생을 진주에서 살아온 시인 강희근 선생님께 물었더니, 처음 듣는 말이라고 했다. 반면에, 하동 옥종면이 고향인 지인은 그 말을 알고 있다고 했다. 조선시대에는 옥종면의 행정구역이 진주라서 그런지, 모르겠다.

진주에서만 사용하는 단어를 찾아보면 나올 것 같다. 표준어로 돌나물김치가 있다고 하는데, 나는 이것을 잘 알지 못한다. 진주에서는 이를 두고 '돈내이 짐치'라고 한단다. 옛날에는 돈내이 짐치 담가 묵고 그랬지. 인근 하동 지역어로는 이 돈내이를 가리켜 '돈나물'이라고 한다. 짐작컨대, 수뱅이와 돈내이 짐치는 진주에서만 쓰는 낱말인 것 같다.

진주의 지역어 중에서, 내가 생각키로는, 가장 아름다운 말이 있다. 아침노을을 뜻하는 말인 '아적붉새'다. '아적'은 아침이다. 아침의 붉은 모양새랄까? 나는 우리말 접미사 '새'를 무척 좋아한다. 거의 짝사랑 수준으로 열애한다. 예컨대, 생김새, 쓰임새, 짜임새, 차림새…… 마치 국악의 발성법 하나인 시김새가 소리와 소리를 이어주는 이음새이듯이 말이다. 나는 얼마 전에 진주 형평사 운동을 소재로 한 서사시를 창작하면서, 제목에다 '아적붉새'를 잘 이용한 바 있었다. 언어의 격물치지랄까? 핍진성이랄까? 이를테면, 진주를 있는 그대로 다가가기 위해서는 진주의 지역어가 필요했기 때문이다. 내가 여기저기 물어본 바로는 진주에서 초등학교에서 대학까지 졸업한 국어학자 양태식 선생(서울교대 명예교수)만이 알고 있는 낱말이었다. 지금은 '소롯이' 사라져버린, '에나' 아름다운 진주 말(지역어)이다.

나의 직관과 경험에 의하면, 내가 접한 가장 독특한 진주 말이라면, 다음에 예시할 문장이라고 하겠다. 이 문장보다 한결 생생하고 더 절절한 진주 말은 없다고 보인다.

옹가 니가 그래쿵께 그래쿤 거 아이가?

표준어로 번역하면, 이렇다. 형이 그렇게 말을 하니까, 내가 그렇게 행동한 것이 아냐? 진주 말 중에서도 최상의 값어치를 지닌 적재적소의 문장(文章)이라고 하겠다. 아니, 단순한 문장을 넘어서 뇌리에 새겨지듯이 말맛이나 청각의 이미지로 남는 문장(紋章)이라고 해야 하겠다.

이어령과 진주비빔밥

　우리 시대의 지성이었던 이어령 선생이 최근에 유명을 달리했다. 우리식 나이로 아흔이니까, 천수를 누린 셈이다. 몇 년간에 걸쳐, 암과 싸우면서도 생의 막바지에 이르기까지 집필에 게을리 하지 않았던 그는 내게 큰 감동을 안겨주었다. 나는 1974년 고등학교 2학년 때 그의 산문집『흙 속에 저 바람 속에』를 읽으면서 그에게 크게 공명하기도 했다.

　그해 시월이었다. 한글날을 전후로 한 시점에서 대중 강연회가 있었다. 부산의 데레사여자고등학교 강당이었다. 서울에서 다섯 명인가, 명사들이 부산으로 내려 왔는데, 이들 중에 시인 주요한 선생과 비평가 이어령 선생이 포함되어 있었다. 주요한은 이때까지 내가 본 인물 중에서 태어난 시기가 가장 역사적으로 오래 된 분이다. 목소리도 카랑카랑해 내 기억 속에 노익장의 이미지로 남아있다.

　이어령 선생은 자신의 책 제목인 '흙 속에 저 바람 속에'란 표현이 한자어 '풍토(風土)'의 뜻에 해당한다고 했다. 책 제목이라면 '한국의 풍토'니 '풍토론'이니 하는 제목이 일반적이었을 시대에 그는 과감하게 우리말로 풀어쓴 것이다. 그의 언어 감각은 대중을 사로잡았다. 그의 말 한마디마다 웃음이 예제 터져 나왔다. 가장 크게 웃음을 자아낸 것은 이 부분이었다.

　은어도 우리말의 좋은 소재예요. 요즘 서울의 대학생들이 술집을 뭐라고 하는 줄 아세요? 마돈나라고 해요, 마돈나. 마돈나가 뭐예요? 마시고, 돈 내고 나가라, 아니에요?

몇 달 후가 지난 이듬해 초봄이었던가? 같은 장소에서, 독일의 저명한 여성 소설가 루이제 린저를 데리고 와서 강연을 할 때 그의 작품 세계에 관해 먼저 소개하기도 했다. 객석은 가득 찼다. 모인 청중에게, 서울에서 여기에 오기까지 경주를 동행했는데 린저가 불국사에서 천수보살을 보고 호기심과 경이감을 가지더라고 전하기도 했다. 작년 11월에는 내가 불교방송을 통해 다섯 차례에 걸친 그의 신라 향가 강의를 메모해가면서 열심히 듣기도 했다. 1974년에서부터 2021년까지, 내가 그를 소비한 시간은 무려 47년간이었다. 반세기에 가깝다.
　나는 그와의 만남이 한 차례 있었다. 반은 공적이요, 반은 사적이랄까. 나는 1990년 조선일보 신춘문예 문학평론 부문에 당선되었다. 그 역시 그해 1월 3일에 초대 문화부 장관으로 취임했다. 1월 말 무렵에 문화부 직원에게서 직장으로 전화가 왔다.

난 그때 서울에서 고등학교 교사로 재직하고 있었다. 이어령 장관님께서 올해 신춘문예 당선자들과 오찬을 한 후에 간담회를 갖고 싶다고 하는데, 참석이 가능하세요? 내가 가능하다고 했더니, 초청장이 우편으로 왔다. 오찬 메뉴는 진주비빔밥. 난 그때 진주비빔밥이 있었나, 했다. 더욱이 진주에서 2년 동안 학창시절을 보냈는데. 전주비빔밥의 오자인 줄로 알았다.

문화부의 접대 식당에는 정말 듣지도 보지도 못한 비빔밥이 나왔다. 일반 비빔밥과는 다른 독특한 식물(食物)이었다. 콩나물이 아닌 숙주나물에다 쇠고기 육회가 매우 이색적이었다. 선짓국을 곁들인 것도 마찬가지. 정말 입속에서 감도는, 경험하지 못한 별미였다. 이 장관은 식후에 스무 명 남짓한 신출내기 문인들과 티타임을 가지면서 축하와 격려의 말을 아끼지 않았다. 그의 말솜씨야 천하가 다 아는 일이었다. 내가 평생토록 경험한 가운데, 최상의 수준에서 말을 잘 하면서 동시에 글을 잘 쓰는 유일한 사람이 있다면 그를 꼽지 않을 수 없다. 그가 혼자서 일장연설을 하듯이 한 것이 좀 머쓱했던지 돌아가면서 한 마디씩 하고 싶은 말을 하게 했다. 내가 마지막이었다.

저는 지금 박사과정에 재학하면서 교사로 재직하고 있습니다. 앞으로 우리나라 비평사에 관해 학위 논문을 준비하려고 합니다. 장관님께서도 제 연구 대상이 될 수 있습니다.

이 말과 함께 즉각적으로 돌아온 말이 있었다. (오늘 내가 낸) 진주비빔밥을 기억하세요. 이 말에 참석한 사람들이 모두 웃었다. 하지만 다들 깊이 이해하고 웃은 건 아니다. 1980년대는 미국과 일본의 경제력 격차가 가장 줄여지던 시기였다. 일본 고도성장기의 정점이었다. 특히 1989년에는 일본의 1인당 GDP가 미국의 79%에까지 따라갔다. 미국에서는 일본의 경제 침투에 관해 신경이 쓰일 때마다 나오던 구호 같은 표현이 있었다.

리멤버, 퍼얼 하버!

과거의 일본군이 우리 미국에게 폭격을 가한 진주만을 기억하라. 이것에 빗댄 말이었다. 아무런 관련성이 없는 두 가지 사물의 관계성을 밝히는 것을 두고, 관계적 사유라고 한다. 관계적 사유는 관계있는 것을 맺는 게 아니라, 관계가 없는 것을 관계가 있게 맺는 생각을 말한다. 이 관계를 일컬어 유추 관계라고도 한다. 유추는 생각 중에서도 생각을 지배하는 중추 메커니즘이다. 즉각적인 유추는 동음(同音)에서 비롯한다. 의미론적으로 볼 때, 진주(眞珠)와 진주(晉州)는 아무런 관련성이 없다. 동음을 절묘하게 이용한 이 유추적인 관계는 화자의 의도를 수사학적으로 극대화할 뿐이다.

이어령 선생의 발 빠른 언어 감각은 내게 그가 언어의 달인임을 충분히 확인해 주었다. 그는 진주와 전혀 연고가 없음에도 불구하고, 나에게 진주비빔밥을 처음으로 알게 해 주었던 것이다.

진주비빔밥은 우리 대동(大同) 문화의 상징이었다. 서울에서 임금이 선농단에서 기우제를 주재할 때 모인 백성들을 위해 소한 마리를 잡아 선농탕(설렁탕의 유례)을 내 놓았듯이, 진주비빔밥도 진주성에서 함께 먹던 음식이었다. 멀리 임진왜란 진주성 전투 때로 소급된다고들 하지만 구한말에까지 이어온 의암별제를 수행할 때 논개에게 제를 올린 후에 관인과 향리와 기생과 백성이 신분을 가리지 않고 자리를 깔고 함께 먹은 음식이었을 가능성이 더 높다. 이때 진주의 만석꾼 부자들이 돌아가면서 향촌의 축제를 위해 재물을 희사했다.

진주를 찾은 시인들

　진주를 찾은 옛 시인들이 생각난다. 백석과 김영랑과 정지용이다. 이 세 사람은 함께 진주에 온 게 아니라 따로 왔었다. 이들이 경험한 진주의 일이 무엇이었나, 살펴보자.

　백석은 직장 동료이면서 친구인 신현중과 남행 열차를 탔다. 신현중이 고향(통영) 후배인 이화고녀 학생 박경련을 소개해주겠다는 장담이 점차 어려워져 갔다. 신현중 역시 박경련에게 점차 호감을 느껴가고 있었기 때문이다. 두 사람은 계획한 상경 길을 변경했다. 진주로 가서 한잔을 하자고 했다. 1936년 1월 12일, 두 사람은 촉석루를 둘러본 다음에 요릿집으로 향했다. 지금의 진주경찰서 맞은편에 있던 '등아각'이었다. 권번 출신의 두 기생은 유성기 가수보다 더 구성지게 노래했다. 술자리가 무르익어가자 기생들은 신현중을 제쳐놓고 미남에다 모던보이인 백석에게로 눈길이 쏠렸다. 백석은 큰소리쳤다. 경성(서울)에 올 일이 있으면, 연락하라고. 정말 연락이 왔다. 두 아가씨는 경성에서 일자리를 구할 심산이었다. 조선일보 기자인 백석은 일자리를 주선해준 듯싶다. 진주보다 수입이 좋아졌다고 했다.

1936년 여름이었다. 김영랑은 강진에서부터 출발해 합천 해인사를 둘러보고 돌아가는 여정의 자동차 여행을 한 적이 있었다. 그가 오갈 때 진주를 지나쳤다. 그는 친구 박용철에게 보낸 편지에서, 여행 중에 경상도 사람들이 자신에게 친절했다고 하였다. 그는 진주에서 하룻밤을 묵은 다음날 아침에, 촉석루와 논개 사당인 의기사에 들렀다. 맑은 남강 물에 손을 넣어 세수를 했다. 진주의 여기저기에는 아침부터 기생들의 습창, 즉 노래를 연습하는 소리가 들렸다고 한다. 청각적인 데 예민한 김영랑이 이를 놓칠 리가 없었다. 사실은 엄밀히 말해, 습창이라기보다, 아침의 잠긴 목을 푸는 소리이다. 그도 인정했듯이, 이런 소리는 그 당시에 다른 곳에선 거의 듣기가 어려웠다. 기생의 아침 목 푸는 소리. 지금도 진주 지역에선 대를 이어서 구전되고 있는 얘기다.

시인 정지용이 한국전쟁 직전인 1950년 5월에 진주를 방문하여, 취재하고 경험한 것을 연작 수필 다섯 편의 형식으로 신문에 발표한 일이 있었다. 이 글이 그가 세상에 남긴 마지막 글이다. 주로 진주의 기생 문화와 관련한 얘기들이다. 그는 조선 후기부터 번성했던 진주의 기생 문화가 쇠운머리에 이르렀음을 증언하고 있다.

요지는 이렇다. 진주 기생들이 접대부로 전변해 요릿집에서

야근한다. 지주와 관원의 세월이 가자, 이들은 부산으로 몰려갔다. 진주는 이제 색향이 아니다. 고요한 미망인 이상으로 쇠약하다. 말하자면, 전통 예술의 수용자였던 지주는 이승만 정부의 농지 개혁으로 몰락했다. 기관장들의 위상도 좌우 대립으로 심하게 흔들렸다.

기예를 중시하고 계승해온 기생 제도의 하향 곡선은 이런저런 사회학적 배경에 따른 것이다. 그 이후의 산업화는 몰락의 결정타가 되었다.

한국전쟁이 일어나자 이들 세 시인은 모습을 감추거나 삶이 지워지거나 했다. 백석은 해방 직후에 김일성을 추종했지만, 결국 그로부터 버림을 받아 수십 년 간 사실상의 유배생활을 했다. 김영랑과 정지용은 전쟁 초기에 죽음을 당했다. 동갑에다 휘문의숙을 같은 시기에 다닌 문단 친구 두 사람은 거의 같은 시기에 죽었다. 인민군이 후퇴할 무렵이었다.

이들 세 사람은 진주의 기생 문화를 재구성할 수 있는 한 점씩의 흔적을 각각 남긴 셈이다. 문학사적으로 상당한 비중의 시인이었지만 비극적인 삶을 살다간 이들의 진주행 경험도, 서로 간에 묘한 인연이라면 인연이다.

신라의 욱면과 고려의 월정화

　고려 때까지만 해도 진주의 역사 인물이 거의 없다고 해도 과언이 아니다. 그도 그럴 것이, 가야 때 김해로부터, 통일신라 때는 경주로부터, 고려시대에는 개성으로부터 소외된 지역이었기 때문이다. 그런데 고중세기에 진주 여인네가 우리 고문헌에 등장하여 주목되는 바가 없지 않았다. 신라의 욱면(郁面)과 고려의 월정화(月精花)가 바로 그 주인공들이다.

　통일신라 경덕왕 때 탄생한 욱면 설화는『삼국유사』에 실려 있다. 강주에 '미타사'라는 절이 있었는데, 이름이 아미타불을 위한 사찰이란 뜻이다. 이 책을 편집하고 또 저술한 일연은 강주가 진주라고 했다. 오늘날 학자 중에, 욱면 설화의 배경이 되는 장소가 경북 영주라고 주장하는 이설을 일부 제기하기도 했다. 아간(阿干) 귀진(貴珍)의 집에 계집종 욱면이 살았다. 신라 골품 사회에서 진골 다음인 아간은 6두품이 오를 수 있는 최고의 관직이었다. 욱면은 안주인을 따라 절에 가서 마당에 서서 스님을 따라 염불하였다. 안주인은 욱면이 신분에 어긋나게 행동하는 걸 미워하면서, 하루에 곡식 두 섬씩을 주면서 하루 만에 매양 다 찧게 했다. 욱면은 초저녁에까지 일을 부지런히 끝내고 늦은 밤에도 절에 가서 염불을 했다. 집과 절의 거리는 가까웠던 모양이다.

일연은 그녀의 방아 찧던 행위가 항간의 속담으로 전해 오고 있다고 했다. 이 속담이야말로 문헌이 증언하는 우리나라 최초의 속담인 셈이다. 그 속담은 1천 3백 년의 세월을 지나 1950년대까지 전해졌다. 이를테면 '자기 일 바빠서 한대 방아.'라고. 지금은 이 속담이 사라졌지만, 한때 우리나라 사람들은 정확히 무슨 뜻인지도 모르면서 그냥 써 왔다. 예상되는 용례 하나 만 들어보면, 다음과 같다. 자기 일 바빠서 한대 방아라고, 내 일들이 요즘 많이 밀려 있어서, 미안하지만 자네를 도울 수가 없네. 한대 방아는 와전된 말. 이를 바루면, 한댁 방아란다. 규모가 큰 댁, 그러니까 주인댁을 말한다. 국문학자 장덕순의, 아주 오래전의 견해였다.

욱면이 절의 마당에서 열심히 염불했다. 지성이면 감천이라고, 하늘에서 '욱면 낭자는 법당에 들어가서 염불하라.'고 명했다. 하늘의 외침에 절에 모인 대중이 경외했다. 다들 그랬다. 욱면 낭자는 법당으로 어서 들어가세요. 그녀가 법당에서 염불을 이어가자 이번에도 이적이 일어났다. 그녀는 법당의 대들보를 뚫고 승천했던 것이다. 짐작건대 욱면은 실제 과로로 죽었을 것이다. 하지만 그녀는 극락왕생의 구원을 받았던 것이다.

　욱면이 세상을 떠난 후에, 그의 주인인 귀진은 이인(異人)이 머물렀던 자기 집을 바쳐 또 다른 절을 세웠다. 절의 이름은 법왕사라고 했다. 미타사건 법왕사건 진주에 그런 절이 없다. 만약 실제로 있었다면, 지금의 진주 구도심에 있었을 가능성이 크다.

　경덕왕 때는 아미타불에 대한 정토신앙이 뿌리를 내리고 있었다. 위로는 국왕으로부터 아래로 노비에 이르기까지 다양한 신분층을 가지고 있었다. 그 시기에는 불국사와 석굴암을 창건하는 등 불사도 많았다. 불교가 사상적으로 민주화되고 있었음을 말해주고 있다.

　신라 사회의 상대에는 이른바 '왕즉불' 사상이 성행했다. 나라의 왕이 즉 부처라는 사상 및 관념형태는 하나의 이데올로기, 다시 말해 이데아의 학문이었다. 왕이 곧 부처요, 귀족이 보살이며, 평민이 범부라는 생각은, 기득권을 옹호하고, 신분 질서를 공고히 하는 위계화된 불교라고 하겠다. 이에 반해, 정토신앙은 왕즉불의 사상과 달랐다. 누구나 아미타불의 이름을 부르고 아미타경을 암송하기만 하면 신분이나 귀천과 상관없이 구원을 받을 수 있다고 보는 데서, 저 욱면 설화가 탄생했던 것 같다.

　고려시대의 월정화 이야기는 『고려사』 악지(樂志) 속악 조에 실려 있다. 월정화는 진주 기생이었다. 진주의 관리인 사록 위제만이 그녀에게 미혹되었으므로, 그 부인은 한을 품고 화병으로 죽었다. 진주의 읍인들이 원통하게 죽은 그 부인을 위해 우리말로 된 노래를 지었다고 한다. 악지의 기록에 의하면, 그 노래는 우리의 토박이말인 이어(俚語)로 만들어졌다. 앞서 말한 문헌의 속악 조에 제목이 적시된 속악 31편 중의 하나이다. 노래의 제목은「월정화」요, 노래의 내용은 부부가 친애하지 않고 기생 따위에게 광혹(狂惑)됨을 칼날처럼 꾸짖었다는 것. 하지만 노랫말은 전해지지 않고 있다.

기생 이름에 대해 살펴보자. 월정화의 정(精)은 이른바 정기(精氣)와도 같은 것이다. 이때 정기는 일종의 색기(色氣)이다. 따라서 월정화는 달의 정기가 깃든 꽃, 달빛에 물든 꽃, 달의 요정과 같은 꽃이다. 달은 여성성을 반영한다. 여성의 생리도 달의 주기율과 일치한다. 그래서 멘스, 월경, 달거리에서 보듯이 여성의 생리는 달과 깊은 관련성을 맺고 있다. 위제만과 월정화도 처음에는 신윤복의 풍속화인「월하정인」처럼 밀애를 즐겼겠지만, 마침내 부인이 알 정도로 들통이 났다. 이때부터 둘이는 보란 듯이 사랑놀이를 일삼았을 터다.

월정화 이야기는 민요로 잘 알려진「진주난봉가」의 내용과 비슷하다. 기생첩을 데려와 본처를 자살케 한 가정 비극에 진주 낭군도 후회한다는 내용이다. 내가 알기로 이 노래는 1980년대 중반에 반(反)봉건적인 내용의 민중가요로서 대학가에서 크게 유행했다. 특히 운동권 학생들이 술집에서 불러 운동권 가요로 분류되기도 했다.

삼각관계의 모티프란 점에서, 월정화와 진주난봉가는 인과관계가 놓인 레퍼토리(연예 종목)로 볼 수 있을 것이다. 하지만 조선시대에는 알 수 없으나, 그것이 적어도 근현대에 이르러서는 진주에서 불린 민요라고 볼 수 없다. 진주 가무악의 산증인이었던 김수악 여사도 자라면서 이 민요를 들어본 적이 없었다고 했다. 주로 경북 북부 지방에서 성행했다는 얘기가 있다.

호족들의 각축장인 난세의 진주

신라 말기인 진성여왕의 시대(887~897)에 이르면, 신라 조정이 지방에 대한 통제력을 서서히 잃어가기 시작한다. 진주의 옛 지명인 강주(康州)에서도 이른바 도독(都督)이니 장군(將軍)이니 성주(城主)니 하는 지방 호족이 등장하기 시작한다. 당시에 강주의 유력한 호족으로 소송(蘇淞)과 차윤웅(車閏雄)이 있었다. 소송은 진주 소씨 집안의 한 사람이며, 집안은 누대에 걸쳐 진주에 살아왔다. 그는 진성여왕이 왕위에 오르기 직전인 885년에 강주도독으로 임명되었다.

강주의 라이벌인 차윤웅은 왕봉규(王逢規)를 끌어들여 소송과 대립했다. 왕봉규는 지금의 경남 의령군인 천주(泉州)의 호족이었다. 소송이 890년 반란군 진압을 위해 인근 호족들을 규합하여 출정하려고 하는 과정에서 살해되었다. 차윤웅과 왕봉규의 소행이었다. 이들은 신라 조정에 반란을 진압하는 과정에서 죽었다고 거짓으로 보고했다. 차윤웅은 강주도독을 차지하고, 대신에 왕봉규는 소송의 아내인 김씨를 차지한다. 그녀는 이미 임신 중이었다. 왕봉규는 임신한 아이가 태어나자, 자신의 양자로 삼았다. 아이의 이름은 왕격달. 이 아이가 훗날 성장하자, 왕봉규는 강주도독 차윤웅에게 왕격달을 하동태수로 추천할 만큼 사랑했다. 이 무렵에, 격달의 어머니 김씨는 '네 아비는 소송이다.'라는 사실을 밝히고 자결한다. 원수를 아버지로 여기고 살아온 것에 분노한 왕격달은, 왕씨로부터 다시 소씨로 돌아가서 지근의 경남 하동군을 근거지로 삼아 때를 기다린다.

이 무렵의 중국은 분열 시대였다. 한반도 정세도 덩달아서 지역 활거의 성격을 띠었다. 왕봉규는 해상세력으로 부상하면서 중국 5대10국 중에서 가장 강성한 후당과 소통했다. 그가 후당에 조공함으로써 924년 1월, 천주절도사(泉州節度使)로 인정된 것 같다. 927년 3월에는 후당 황제 명종이 그를 권지강주사(權知康州事)에 임명하고, 회화대장군(懷化大將軍)으로 봉했다. 왕봉규 스스로는 임시직의 의미인 권(權) 자를 떼어버리고 '지강주사'라고 한 것으로 보아서 이미 오래 전부터 진주 지역의 실권자가 된 것 같다. 그는 중국으로부터 영주 내지 제후왕으로 인정을 받았던 것이다.

그의 통치 범위는 지금의 진주와 의령은 물론 함안과 하동과 남해와 고성과 거창에까지 영향권에 두었다. 고려, 후백제, 신라에 이은 네 번째 독립국이나 다름이 없었다. 신라가 중국과 외교를 할 때 왕봉규가 길잡이가 되었음은 중국의 여러 사서에도 나온다. 하지만 이 지역은 전략의 요충지인 탓에 후백제와 고려가 늘 침을 흘리는 좋은 먹잇감이 되기도 했다. 925년, 후백제는 강주를 공격했다. 차윤웅과 왕봉규가 거창성에 고립되자 소격달은 거창태수와 내통하여 차윤웅을 죽였다. 왕봉규는 이때 탈출하는 데 성공한다. 진주로 돌아온 그는 차윤웅 이후 진주의 패권을 온전히 장악했다. 심기일전한 그는 하동의 소격달을 압박한다. 위기를 맞이한 소격달은 간신히 고려와 연결해 귀부 의사를 밝힌다. 927년 4월, 고려군은 소격달의 원조 요청을 받아들여 수군을 이끌고 강주를 침공했다. 고려 수군과 소격달의 육군이 연합하여 왕봉규를 죽이고 진주를 궤멸시켰다. 왕건도 자신에게 고분고분하지 않던 왕봉규를 처리한 걸 흡족하게 생각했는지 그해 8월에 진주 방문 길에 나서기도 했다. 소격달은 마침내 아비의 원수를 갚았던 것이다. 그 역시 정치 무대를 고려국의 중앙 무대로 옮긴다. 왕봉규의 잔당도 고려에 귀순하여 흡수되었다.

왕봉규도 사라지고, 그의 잔존 세력도, 소격달도 지역을 뜨자 서부 경남 일대는 정치적인 진공 상태가 되었다. 이 틈을 타서 후백제가 진주를 비롯한 이 지역을 접수해 버렸다. 『삼국사기』 견훤 열전에서 후백제왕 견훤이 쿠데타로 폐위를 당할 당시에 그 아들인 양검(良劒)이 강주도독으로 파견되어 있었다고 한 점을 미루어볼 때, 진주는 후백제가 멸망할 때까지 그 세력권에 편입되어 있었던 것으로 추측해볼 수 있다.

서기 9세기 말과 10세기 초반의 진주 지역을 배경으로 삼아, 누군가가 역사소설의 형태로 스토리텔링하면 좋겠다. 호족들의 각축장이 된 후삼국 시대의 진주는 소설 속에서 어떤 모습을 할까? 이 전환기에 서부 경남의 세력가와 민중이 어떠한 모습으로 난세를 대처했는가를, 음모와 복수, 권력과 소유욕, 배신과 분노, 꿈과 좌절을 보여주었는가를 지면에 수를 놓고 아로새기면 좋을 것 같다.

출장입상의 무인, 난시입절의 사인

진주의 역사 인물 중에서, 나는 조윤손과 조완벽을 각별히 생각지 않을 수가 없었다. 이들이 남긴 사회문화적인 훈로(勳勞)가 있다. 지금 우리 시대의 가치이기도 한 국방과 다문화에서 말이다. 모두 진주 사람이지만, 지금은 진주를 넘어서는 인간상이기도 해서다.

두 사람은 같은 조 씨라도 한자가 서로 다르다. 조윤손은 창녕 조(曹)씨이며, 조완벽은 함안 조(趙)씨다. 경북의 명문가로 경주 김씨, 진보 이씨, 안동 권씨 등을 손에 꼽듯이, 경남의 명문가로는 창녕 조씨와 함안 조씨를 빼놓을 수 없을 만큼 역사적인 성격이 매우 강하다. 물론 이 두 사람은 명문가 출신이라서 특별히 기억하자는 게 아니다.

역사적으로 살펴볼 때, 조윤손에게 삼포왜란(1510)이, 조완벽에게는 정유재란(1597)이 인생의 변곡점이 되었다. 전쟁이 좋든 궂든 간에, 개인적인 생의 터닝 포인트가 되었던 게 사실이다.

사회적인 활동은 전자가 주로 16세기 초반에 이루어졌다면, 후자는 17세기 초기에 이루어졌다. 두 사람의 사회적인 활동도 후술하겠지만, 전혀 성격이 다르다. 서로 간에 백년 가까운 시간대를 두고 살다간 사람들이다. 전자는 출장입상의 무인(武人)이요, 후자는 난시입절의 사인(士人)이었다.

조윤손은 1492년에 무과에 급제하였다. 공식적인 입문의 시기랄까? 이때는 조선 개국과 임진왜란의 딱 중간의 연도라서 기억하기에 좋다. 그의 사회의 첫 출발점은 24세의 나이에 시작되었던 것. 이런저런 벼슬길에 나아갔다. 6년간 양산군수로 재임했다. 그런데 여기에서 영전하지 못하고, 인근의 웅천현감으로 좌천되었다. 게다가 웅천은 왜인이나 왜구들이 출몰하는, 다소 위험한 지역이다. 이때 젊어서 경주부윤을 역임했던 아버지가 별세했다. 진주에서 상을 치루고 있는데, 삼포왜란이 터졌던 것. 나라의 명을 받고, 동향인인 정은부와 함께 출전하지 않을 수 없었다.

그는 최고 지휘관으로서 전장에서 큰 성과를 거두었다. 그가 말에서 떨어져 위기를 당했으나, 정은부의 도움으로 구사일생했다. 웅천의 인근인 제포에서 3백이나 되는 왜구의 목을 베었다. 전쟁이 끝난 후에는 조윤손이 정은부에게 감사해 하면서 그의 아들인 정항을 사위로 삼는다. 그는 아들이 없이 딸만 셋을 두었다. 이태 후에는 함경도 국경에서 여진족이 쳐들어 와서 노략질을 하므로 노략질한 것을 되돌려 받아내는 성과를 거두기도 했다.

그는 그 후 두루 관직을 거쳤는데, 중요 보직은 1527년 공조판서, 1532년 한성부판윤, 1535년 의정부 좌참찬, 1537년 병조판서 등을 역임했다. 두 차례 지낸 공조판서는 국토교통부 장관 등에 해당하고, 병조판서는 국방부 장관이다. 한성부판윤은 서울특별시장이다. 그는 공직자로서 큰 흠결 없는 삶을 살았다. 동시대의 최고 시인인 이행은 그의 삶을 두고 한마디로 말해 '출장입상'이라고 했다. 전시에 장수로 나아가 전승을 얻고, 평화 시에 조정에 입각해 고위 관료로서 봉사하는 것을 두고 이른다.

상(相)은 장관급 관직을 말한다. 일본은 지금도 대장상이니 방위상이니 하는 말을 쓴다. 재상과 수상은 상 중의 상으로서 총리에 해당한다. 출장입상이라고 하면, 옛 사람으로서는 세속적인 면에서 가장 복된 삶이라고 하겠다. 소설 「구운몽」의 주인공인 양소유처럼 말이다.

조윤손에 관한 후일담 하나를 남긴다.

앞에서 그에게 아들이 없다고 했다. 생전의 그는 서자 한 명이 있었다. 경주 기생 출신의 첩에서 낳은 아들 말이다. 그런데 그녀는 그와 만나기 이전에 이언적과 이미 관계를 맺었다. 조윤손이 세상을 뜬 후에 그녀는 장성한 아들에게 출생의 비밀을 털어 놓았다. 네 아비는 이언적이라고. 이때 이언적은 사화(士禍)에 연루되어 평안도 강계에서 유배 중이었다. 생모의 말을 전해들은 이언적의 아들은 아버지를 찾아 삼천리 길을 떠난다.

이언적에게도 아들이 없었다. 늘그막에, 죽음에 임박해 멀리서 아들과 손자가 찾아오니 놀랄 수밖에. 이 출생의 비밀이 모든 걸 바꾸어 놓고 말았다. 조윤손에게는 후손이 없고, 이언적에게는 살아생전에 생각에도 없었던 혈손이 생겼고, 지금까지 (양자가 아닌 진짜) 후손으로 이어져 오고 있다.

　남명 조식은 조윤손과 같은 창녕 조씨 집안사람이다. 이 전례가 없던 기묘한 생부 진실에 관한 일을 알고 있었고, 이에 관해서 글을 남겨 그의 유저『남명집』에 실리기도 했다.

　조완벽은 전쟁 때문에 환난을 겪었다. 정유재란 때 약관의 나이로 왜군의 포로가 되어 일본으로 끌려갔다. 그는 일본 교토에서 왜인의 종살이를 했다. 그는 한문 필담에 능했기 때문에 왜인의 무역선을 따라다녔다. 베트남인 안남국에는 세 차례나 갔다. 여송국(필리핀)과 유구국(오키나와)에도 들렀다. 베트남에선 실세 환관을 만나기도 했다. 그는 중국을 통해 본국으로 귀환하게 해 주겠다고 했으나, 무슨 꿍꿍이속이 있는지 몰라 거절하기도 했다.

　조완벽이 안남국에서 놀란 사실은『지봉유설』로 유명한 이수광의 시(詩)들이 작시의 전범처럼 읽히고 애용되고 있다는 것. 그는 변방 진주의 선비이기에 중앙 무대의 이수광이 누구인지를 몰랐다. 그는 안남국에서 낸 책 중에 한시 명편 수백 편을 편찬한 것을 보았는데, 맨 앞에 이수광의 시가 있더란 것이다. 이수광이 북경에 사신으로 갔을 때 안남국 사신에게 준 시였다.

그가 베트남에서 경험한 것들은 『국조인물고』에 요약해 실려 있다. 그의 경험이 어떤 경로로 여기에 실렸는지 자못 궁금하다. 다음의 필요한 인용문을 거기에서 따왔다.

(안남국은) 기후가 매우 따뜻하여 2, 3월에도 서과(西瓜 : 수박)나 첨과(甛瓜 : 참외) 등의 산물(産物)이 있었고 수전(水田 : 논)에 짓는 농사는 정해진 때가 없어서 3월 사이에 경작을 시작하는 자도 있고 장차 익어가는 자도 있고 한창 수확하는 자도 있었다. 날씨는 낮에는 뜨겁고 밤에는 서늘하였으며, 지역이 비록 바닷가에 있었지만 해산물(海産物)이 넉넉하지 않았다. 과일은 귤(橘)과 여자(荔子) 이외에 다른 잡과(雜果)가 없었으며, 건시(乾柿, 곶감)를 먹으라고 주었더니 그것이 무엇인지 알지 못하였다. 오직 빈랑(檳榔)을 늘상 씹어 먹는데 푸른 잎과 함께 싸서 먹었으나, 무슨 물건인지 알 수가 없었다. 빈랑나무는 높이가 서너 길이나 되고 대나무처럼 곧고 뾰죽하여 마디가 있으며 잎사귀는 파초와 비슷하였다. 목화나무는 매우 높고 큰데 밭두둑에 곳곳마다 있었고 꽃의 크기가 작약(芍藥)과 같았으며 길쌈하여 베를 만들면 매우 단단하고 질겼다. 뽕나무는 해마다 벼와 보리처럼 밭에 심어 가꾸는데 잎을 따서 누에를 길렀으며 사견(紗絹)이 가장 풍요하여 귀천 막론하고 모두 옷을 지어 입는다. 목이 마르면 사탕수수를 먹고 밥은 겨우 시장기를 때울 만큼만 먹는다. 술은 항상 소주(燒酒)를 마시고…… 날씨가 뜨거우므로 낮에는 소들이 모두 물에 들어가 있다가 해가 진 뒤에야 물에서 나오며, 그 뿔이 매우 큰데 곧 지금의 흑각(黑角)으로 왜노들 이

무역하여 사가지고 온다. 코끼리는 오직 노과(老撾) 지방에서만 산출되는데 그곳을 상산(象山)이라고 한다. 덕상(德象)이 있어서 그 상아(象牙)가 거의 5, 6자나 될 정도로 가장 기다랗고, 안남국왕이 기르는 코끼리가 70마리나 되는데, 밖에 나갈 때는 코끼리를 타고 코끼리 중에는 마치 사람처럼 꿇어앉아 절하는 것도 있다. 공작(孔雀)·앵무(鸚鵡)·백치(白雉)·자고(鷓鴣)·후추(胡椒) 등도 많이 산출된다.

조완벽은 베트남의 풍물을 이처럼 생생하게 전해주고 있다. 그는 실학적 인간상이요, 다문화적 인간상이다. 1607년 우리나라 사신이 일본국의 실권자인 쇼군에게 청해 일부 피로인이 일본에서 송환되었는데, 이 무리 속에 조완벽이 있었다. 10년 만의 귀국이요, 귀향이다. 고향 집에는 노모와 아내가 아무 탈 없이 그를 기다리고 있더란 것이다. 만약에 그가 일본에서 뿌리를 내리기 위해 일본 여자라도 새로 만나 애들이라도 낳았으면, 다시 영영 돌아오지 못했을 것이다.

앞서 말한 『국조인물고』에서는 그를 가리켜 '왜란시입절인(倭亂時立節人)'이라고 표현한 바 있다. 주지하듯이, 나는 이 여섯 자를 '난시입절'이란 네 자로 줄여 제목으로 사용했다. 왜란의 난세에 포로로 어쩔 수 없이 잡혀갔어도, 나라를 배신하지 않고, 노모와 아내를 저버리지 않았던 인간상이란 뜻이다. 입절이란, 표준국어대사전에 '한평생 절개를 굽히지 않음.'이라고 풀이되어 있다. 또 그 책에 조완벽을 가리켜 사인(士人)이라고 했다. 사인은 그냥 선비가 아니라, 벼슬하지 않은 선비, 즉 처사를 가리킨다.

그는 귀국한 후에 벼슬길에 나아갈 것을 욕심내지 않았다. 오래된 일이지만, 그에 관한 다큐멘터리는 한 공영 방송에서 방영된 바 있었다. 내가 거기에서 보고 들은 바가 있었는데, 고문서에 향촌의 선비로서 그가 진주 향교를 출입한 흔적이 남아 있다고 했다.

그는 베트남에서 겪은 일을 이수광에게 편지로 전했다. 이수광 역시 「조완벽전」을 남기기도 했다. 두 사람은 이국 만리의 경험으로 맺어진 특별한 인연이었다. 물론 서로는 먼 곳에서 따로 살았기 때문에 만난 일은 없었으리라고 본다.

내 마음속에는 이 대목에서 아쉬움이 짙게 남아 있다.

조완벽이 경험한 해외의 정보는 그 당시에 사회적으로나 국가적으로 엄청난 가치를 지니고 있었다. 실학적인 지식의 재보이기도 했다. 조정이 그에게 일자리를 주지 않았다고 해도, 그의 구술을 잘 정리해서, 외교 통상 분야에 적극적으로 활용해야 했었다. 특히 일본이 어떻게 외국과 소통하는지에 관한 정보는 국가 안보나 조선의 미래상과 직결되는 문제가 아니었던가? 조완벽을 활용하거나, 재활용하지 못한 그것이 바로 못난 조선의 실체였던 셈이다.

구한말의 두 여인 : 이홍경과 산홍

지금으로부터 백여 년 전의 일이다. 나라의 운명이 경각에 달려 있을 무렵에 두 명의 여인이 보여준 대조적인 처신은 역사의 한 교훈을 남기고 있다. 두 명의 여인 사이에 중간의 위치에 놓인 인물은 국왕 고종의 5촌 조카인 이지용(李址鎔)이다. 그는 경술국치가 있기까지 10년 동안 정계의 거물로서 나라를 일본에 넘기는 일에 정치적으로 크게 기여한 인물이다. 말하자면 이완용에 버금하는 매국노였다.

이지용은 1904년에 외부대신서리로서 한일의정서에 조인하였고, 1905년에 내부대신으로 을사조약 조인에 서명하였다. 한때 을사오적신의 한 사람으로 지목되어 그의 집이 누군가에 의해 방화되기도 하였으나, 망국 후에는 일본 정부로부터 백작의 작위를 받았다. '을씨년스럽다'라는 말의 어원이 을사년(1905)에서 비롯되었다고 하는데, 아무튼 이지용은 을씨년스럽고 쓸쓸한 왕조(王朝)의 낙일(落日)에 나라를 팔아먹은 적신(賊臣)의 중심적인 위치에 섰던 인물이었다.

당시의 백성들 사이에 그에 대한 적대 감정이 얼마나 컸었던가 하는 사실은, "1907년, 이지용·민용기·권중현 등이 도일하기 위해 부산에 도착하자 부산의 백성들이 길을 막고 폭동을 일으켰다. 그들은 일본 병사들의 호위를 받고서야 겨우 죽음을 면할 수 있었다."라고 기록된 『매천야록』을 통해서도 잘 알 수가 있다.

그런데 이지용 못지않게 그의 아내 이홍경(李洪卿) 역시 매국녀였다. 그녀는 미모에다 일어와 영어에 능통했다. 항상 호사스러운 양장에 모자를 쓰고 다녔다. 그녀가 인력거 위에서 얼굴을 내놓고 궐련(담배)을 피우며 의기양양한 모습으로 돌아다닐 때 행인들은 두 눈을 가렸다고 한다. 이홍경에 관한 가십 거리라면 당시의 일본 고급 관리들과의 섹스 스캔들을 빼놓을 수 없다.

그녀와 먼저 정을 통한 이는 추원수일(萩原守一)인데, 또 다른 일본인인 장곡천호도(長谷川好道)와도 붙어버렸다. 이 사실을 어렵사리 알게 된 추원수일이 질투감에 눈이 뒤집혀 자신의 입속에 들어온 이홍경의 혀를 깨물어버렸다. 그녀는 항의도 못하고 통증을 참아야 하는 수모를 당한다. 이 무렵에 도성 사람들은 작설가(嚼舌歌)라는 노래를 지어서 그녀를 통쾌하게 조롱하였다. 인천에서는 누군가가 이홍경과 일본인이 정사하는 장면의 그림을 그려 팔아서 짭짤한 수입을 올리기도 했다고 한다.

이지용은 당대의 권세가이면서 부정한 방법으로써 부를 축적한 인물이기도 했다. 온 세상 사람들이 앞을 다투어 그에게 재물을 바쳤고, 나라의 운명이 풍전등화의 위기에 놓였음에도 일본과 합자(合資)하여 북간도의 철도를 부설하는 일 등으로 사욕을 채우는 등 여러 이권에 개입하였다. 그러나 이지용이 돈으로 사지 못한 일이 하나 있었다.

짐작컨대, 그는 경상도 관찰사 시절에 산홍(山紅)이라는 기명의 진주 기생에 빠진 듯하다. 그는 서울로 영전할 때 산홍을 강제로 데리고 상경했던 모양이다. 그리고 그는 산홍에게 재물로 환심을 사면서 끊임없이 자신의 첩이 되어 줄 것을 요구했다. 그럼에도 불구하고 산홍은 이럴 때마다 이지용의 제의를 거절했다.

한번은 그녀가 거절의 이유를 밝혔다. "세상 사람들이 대감을 가리켜 을사년 오적(五賊)의 우두머리라고 일컫는데, 제가 비록 천한 기생이기는 하지만 어찌 역적의 소첩이 되겠사오리까?" 이 말을 들은 이지용은 대로(大怒)하여 산홍에게 무자비하게 폭행을 가했다고 한다.

신분상으로는 천민에 불과한 산홍의 의로운 행동은 인구에 널리 회자되어 당시 사람들의 칭송을 받았다. 그녀는 논개의 후배임을 자랑스럽게 여기는 시를 남겼고 이 시는 오늘날 논개의 사당에 걸려있다. 우리 지역의 역사적인 인물로서 높이 평가할 만한 여인이 아닐 수 없다.

지금(2003년 3월 초를 가리킴) 나랏일의 장래가 걱정스럽다.

국제적인 관심사가 되어온 전쟁이 마침내 터졌고, 경제적인 전망도 불투명하다 못해 매우 암울한 지경에 이르렀다. 정치권력의 언저리에 새로운 결탁 세력이나 아세꾼들이 등장할지도 모른다.

　문화 권력을 향유하려는 부류도 이미 눈에 띄는 듯하다. 이 어려운 시기에 말이나 생각의 경위가 반듯하고, 어떠한 변화를 맞이한다고 해도 뜻과 신념을 쉽게 굽히지 않는 인물들이 우리 사회의 주변인으로 전락하지 않았으면 한다. 백 년 전에 한낱 기녀의 신분으로서 나랏일을 진정으로 걱정했던 그 무명(無名)의 산홍처럼 말이다.

박경리와 생명사상과 샤머니즘

형평(衡平)이란 말은 저울막대처럼 평평하다는 뜻으로 쓰이는 말이다. 이를테면 평등의 궁극을 가리킨다. 내년이면, 진주에서 시작된 형평운동, 즉 일제하 백정해방운동이 어느덧 백주년을 맞이한다. 나는 형평운동이라고 하면, 강상호와 장지필 등의 역사적인 인물보다는 이 사건을 자신의 소설 속에 부분적으로 극화한 박경리의 수평적 생명사상에 더 주목한다.

소설「토지」의 주인공인 서희는 고향 하동 평사리를 떠나 북간도에서 살다가 혼인을 했다. 자신의 하인과 혼인을 한 것은 절대 평등의 세계에 들어선 사랑의 성취였다. 그녀는 고향으로 돌아가지 않고 진주에 정착한다.

반면에 무녀의 딸 공월선은 사랑하는 사람과 사랑을 이루지 못한 순애보의 또 다른 주역이었다. 대신에 사랑하는 사람의 아들을 친아들처럼 사랑했다. 혈연을 넘어서 기울지 않은 형평의 마음을 얻었던 것이다.

1920년대 당시의 진주는 극과 극이 공존하는 도시였다. 근왕(勤王)의 잔재와 민란의 기억, 열부(烈婦)와 기생, 신분제적 차별관과 백정 해방의 논리, 식민 교육과 항일 학생……. 극과 극을 조정하려는 사상의 원류를 따라가면, 저 멀리에 아스라이 놓여 있는 샤머니즘의 원형과 만나지 않을 수 없다.

소설 「토지」에 반영된 무속적인 소재는 초자연적인 힘에 기대고 있는 여인들의 이야기를 펼치고 있는 「김약국의 딸들」보다 뚜렷하지 않다. 하지만 「토지」에서는 샤머니즘의 세계관이 소재주의를 넘어서 주제론적으로 심오하게 녹아져 있는 게 사실이다. 비평문이나 논문보다, 비록 짧지만 강렬한 비평적 메시지를 담고 있는 한 지상(紙上) 에세이 속에 이런 내용이 담겨 있다.

> 그(박경리 : 인용자)의 영성은 샤머니즘과도 맥이 닿는다. 그의 샤머니즘은 무엇이 무엇을 지배하는 카리스마가 아닌 일종의 생명이다. 인간을 포함한 만물에 편재된 평등한 그 생명을 바로 영성으로 보는 것이다. 작가를 일종의 무당이라고 보는 것도 그의 샤머니즘과 맥이 통한다.

인용한 글은 김정자의 「영성의 작가, '공수'」(문화일보, 1994, 8. 10.)에서 따왔다. 그는 박경리와 친분이 있었던 언론인이었다. 그는 소설 「토지」를 두고 한마디로 이렇게 말하기도 했다.

피멍 든 역사의 '공수'임에 틀림없다.

공수란, 서양식으로 말하면 신탁(神託)이요, 우리식으로 말하자면 넋두리다. 즉, 신령의 소리이다. 영적인 초(超)언어와 같은 언어랄까? 위대한 작가정신이 깃든 문채(文彩)랄까?

나도 한마디 거들고 싶다. 그것은 '칭아진' 세상을 저울막대처럼 평평하도록 노력한 방대하고도 정직한 언어의 결실이다. '칭아지다'라고 하는 낱말은, 층위(層位)로 나누어지다, 라는 경남 방언이다. 지금으로부터 백 년 전인 우리나라는, 또 진주는 일본인과 조선인, 친일과 항일, 민족주의와 사회주의, 보통사람과 백정, 신여성과 기생, 생명과 물질 등으로 켜가 나누어져 있었다. 이런저런 층위로 나누어진 삶의 실상들이 그 소설의 본문 속에, 행간 속에 잘 반영되어 있다.

박경리는 이 모든 것을 수평적으로 인식하려고 했다. 켜 없는 세상을 열망한 그 시대 사람들의 뜻을 행간에 함축하려고 했다. 심지어는 삶과 죽음의 경계, 부성과 모성의 층위마저 초월하려고 했다. 이 대목에서, 나는 그의 시편 「샤머니즘」을 부분적으로 인용하려고 한다.

삶의 터전
죽음의 계곡
당신은 생과 사를 주관합니다.

풀잎 한 가닥도
바람에 눕혀 살게 하시고
공평한 당신은

부성과 모성의 일체입니다.

여기에서 당신은 샤머니즘을 의인화한 것이다. 추상의 개념에다 인격을 부여하는 것이 뜻밖이다. 시 창작에서는 관습적인 표현 방식이 아니다. 소설가의 시이기 때문에 이런 표현이 가능한 것 같다. 또 여기에서 간과할 수 없는 것도 있다. 이원화된 층위에 각각 해당하는 부성과 모성은 다름이 아니라 제도와 자연, 권능과 관용, 인위와 무위 등을 가리키고 있는 듯하다.

대선 정국의 경쟁 분위기가 한창 달아오르고 있는 이즈음에, 애꿎은 샤머니즘이 동네북이 되고, 또 만신창이가 되고 있다. 한 후보자와 그 배우자가 이것에 모종의 관련성을 맺고 있다고 해서 문제가 되고 있다는 것. 당사자들은 여기저기에서 공격에 시달리고 있다.

있는 얘기, 없는 사실 등이 정략적인 이해득실에 달려있어서 온갖 것들이 동원되고 있는 저간의 사정을 감안한다면, 뜬금없이 회자되고 있는 샤머니즘의 얘깃거리 정도는 충분히 이해되고도 남음이 있을 것이다. 이번 선거는 여기에 이르러 네거티브 공방의 절정에 이른 감을 주고 있다.

그런데 보수를 대변한다는 유력한 언론사의 논객이 최근에 발표한 한 칼럼에 상당한 문제성이 내포되어 있다고, 나는 보고 있다. 수많은 독자를 보유하고 있다는 언론사의 지상에 이런 무지한 글을 써도 되나 싶다. 글쓴이와 매체의 이름을 굳이 밝히지 않고 문제가 되는 글의 부분만을 따오려고 한다.

김 씨는 '내가 신(내림)을 받거나 한 건 아닌데 웬만한 사람보다 (점을) 더 잘 본다'고 말했다. 그는 자신이 무당을 많이 만난다는 세간의 소문을 굳이 부정하지 않은 채 무당이 저를 잘 못 보고 제가 무당을 더 잘 본다는 말도 했다. 김 씨의 자의식(自意識)은 단순한 무속의 소비자가 아니라 스스로가 무속인이다.

공격하는 측은 너희가 무속적이라고 한다. 반면에, 방어하는 측은 우리는 무속적이 아니라고 한다. 공격하는 측도 방어하는 측도 무속의 편이 되어주지 않는다. 이에 대해 제3자인 인용문의 필자(논객)는 한 술 더 떠 방어하는 측의 당사자를 두고 무속(인) 그 자체로 규정하고 있다. 말하자면 대통령 후보의 배우자를 가리켜서 샤머니스트 레이디, 즉 이른바 무녀(巫女)로 보는 데 주저하지 않는다.

무녀는 신 내림을 받거나 무업을 세습적으로 잇거나 둘 중 하나여야 한다. 둘 중 하나인 입무(入巫)의 과정을 밟지 않으면, 결코 무녀가 될 수 없다. 무당보다 점을 잘 본다는 말 한마디에 무당이 되는 게 아니다.

……라고 묻자 김 씨는 '그럼'이라고 답했다. 홍준표 유승민 둘 다 굿을 하지 않았다고 부인했다. 굿의 세계에 참과 거짓의 구별이 중요하겠는가. 그 세계는 효험(effect)만이 중요한 세계다. 그러니 허위 이력을

아무렇지도 않게 적어 넣었을 것이다.

샤머니즘의 세계는 효험만이 중요한 세계라고 했다. 나는 이 대목에 이르러 기가 막혔다. 어떻게 입에 침도 바르지 않고 함부로 말을 하는가. 이 세계가 정치적인 관점이나 이해득실에 따라 동네북이 되거나 만신창이가 되거나 해도 시궁창에 웅크리고 있는 벌레들이 사는 세계가 결코 아니다.

샤머니즘이 없었다면, 단군이나 차차웅 같은 상고(上古)의 지도자가 있었을까? 샤머니즘이 없었다면, 치병의 흉내라도 내면서 인간의 병고를 고민하는 의사라도 있었을까? 샤머니즘이 없었다면, 판소리와 전통춤과 시나위 등으로 대표되는 우리의 민속예술이 있었을까? 샤머니즘이 없었다면, 맺힘과 풀림, 밀고 당김을 아우르는 한(恨)의 정서가 있었을까? 무엇보다도 샤머니즘은 우리에게 평등과 형평이라는 관념을 원초적으로 제시해주었다.

샤머니즘의 세계가 효험만이 중요한 세계라고?

인간은 매양 이성의 세계에만 살 수 없다. 인간에게는 때로 검증되지 않은 비이성의 세계도 폭넓게 엄존한다. 이를테면, 무의식과 환상, 본능과 욕동, 백일몽과 악몽 등이 그것이다. 우리가 잘 모른다고 해서 이 세계를 두고, 참과 거짓을 분별하지 못하는 사기꾼의 세계로 함부로 폄하해선 안 된다.

샤머니즘이 동네북이 되거나 만신창이가 되거나 해도, 무속인들은 지금 찍소리로 항변조차 못하는 사회적 약자들, 소수자들이다. 이 사실도 우리가 한 번쯤 생각해 보아야 한다. 어쨌거나, 위대한 작가는 생명사상과 샤머니즘을 동전의 양면으로 여겼지만, 속인들은 앞으로도 이 두 가지를 물과 기름의 관계로 볼 것이다.

영원한 문학청년, 시인 이형기

1

날씨가 추운 뒤에야 소나무와 잣나무의 시들지 않음을 안다고 하듯이, 이형기 선생을 향한 나의 존경심은 그 분이 이 세상에 존재하지 않는다는 사실을 간혹 깨닫게 될 때 구체적으로 드러나고는 한다. 이형기 선생은 내가 존경하는 은사이다. 존경의 뜻은 살아생전보다는 돌아가신 다음에야 더 분명해졌다. 그리고 세월이 흐르면 흐를수록 그것은 점차 분명해져가고 있다. 부재의 현실에 대한 안타까움과 그리움의 정서가 뒤섞이는 순간, 돌이킬 수 없는 과거에 대한 덧없음과, 추억의 감상적인 비애를 자극하기에 늘 족한 듯했다고나 할까.

이형기 선생은 나의 존경하는 은사인 동시에 나를 각성시키는 반면교사(反面教師)이기도 하다. 내가 그 분과의 인연을 맺을 무렵에 그 분은 지금의 내 나이와 거의 비슷했다. 나도 이제 서서히 늙어가면서 어떻게 절주(節酒)의 생활 리듬을 유지해야 하며, 또 노년의 건강을 앞두고 스스로 잘 관리해야 한다는 그런 유의 교훈에서 말이다.

2

이형기 선생과의 사실상 첫 만남은 내가 석사학위 논문 심사를 받을 때였다. 내가 청구한 학위 논문은 김소월 시를 사회적인 콘텍스트에서 재조명한 내용으로 이루어져 있었다. 당시에 정치적으로도 격동의 시대였고, 대학가도 난세였던 터라, 문학을 외적인 상황과 맞물려 함께 인식하고자 하는 관점이 시대적인 관행이거나 유행이었다. 물론 나 역시 이러한 분위기에 전혀 영향을 받지 아니한 것은 아니었지만, 김소월 시를 인식하는 비평적 의식의 지평을 확대하는 데 기여하고 싶었다. 그런데 심사를 맡은 세 분 위원들은 모두 순수문학을 옹호하는 분들이었기 때문에 심사 과정에서 수정의 요구와 질타를 적잖게 받지 않을 수 없었다. 이런 분위기 속에서도, 이형기 선생은 나를 두둔하기도 했다. 말하자면, 그 분은 내 논문의 특징을 한마디로 말해 아취(雅趣)라고 평가하는 데도 인색하지 않았다. 내 논문의 본디 제목은 「김소월 시 세계의 정치적인 질감(質感)」이었다. 물론 김소월 시의 정치적인 시각을 정립하는 데 문제가 있다는 지적은 지금도 인정할 수 없지만, 어쨌거나 그 분은 내 논문을 두고, 논문으로서는 보기 드문 정서적인 문체가 엿보인다, 라는 의견을 내놓았다.

나는 그제나 이제나 내 문학이 심미적인 취향을 추구하는 것이기를 바라고 있다. 나는 지금까지도 문학이 제도를 개선하고, 인간을 구원하는 힘이 있다는 것도 안다. 그러나 나의 문학으로는 그럴 힘이 전혀 없다. 나에게 문학은 오로지 자아 성찰, 자기 구원의, 깨어져 도리어 반짝 빛을 내는 파편일 따름이다. 그래서 나는 문학의 창틀을 통해 세상의 감추어진 진실을 엿보고자 한다. 또 그럼으로써 세상의 빛과 그늘을 교직(交織)함으로써 문학도 인생도 희롱하거나 향유할 수도 있다고 나는 믿어 의심하지 아니한다.

이형기 선생은 늘 자신을 문학주의자라고 했다. 나는 이 명제에 대해 주석을 달 수 있다. 선생은 리얼리스트라기보다 모더니스트였다. 모더니즘은 존재론적인 현실의 뿌리를 경시하거나 무시한다. 그 분은 자신의 고향인 진주를 문학적인 소재로 전혀 활용하지 않았다. 이 점에서 볼 때, 한참 시단의 후배인 허수경과 대조적인 면을 보였다.

그 분에겐 이 세상에 문학 외는 아무 것도 존재하지 않았으리라. 그 분의 의식 속에는 정치도, 종교도, 고향도, 이데올로기도, 권력적인 인간관계도 문학의 가치 앞에 무릎을 꿇는다. 나는 대학원 박사 과정에 다니면서 선생으로부터 한 차례 강의를 들은 적이 있었다. 이때부터 그 분이 늘 좋아하던 술을 함께 나누는 기회를 종종 갖게 되었다. 그 분은 주점에서도 문학과 인생에 관한 담론을 즐겼다. 주점은 대체로 서민적인 곳이었다. 남자들이라면 여기에서 흔히 하게 되는 여자에 관한 얘기도, 부동산 투자에 관련된 시속적인 한담도 그 분은 전혀 하지 않으셨다. 이런 얘기를 좋아하는 사람을 두고 속물이라고 경멸했다. 그 분의 박학한 문학에 관한 담론은 프랑스 상징주의자에서 일본의 비평가 고바야시 히데오에 이르기까지 무척 다양하고 폭이 넓었다. 그리고 그 분은 사상적으로도 셰스토프 유(流)의 북유럽적인 음울함의 니힐리즘에 경도된 듯했다. 술이 거나해지면 일 년에 한 번쯤은 어쩌다 노래를 부르게 되는데, 노래의 내용도 허무주의와 관련된 것들이었다고 기억된다.

얼핏 기억에 떠오르는 것이 있다. 공식적인 자리에서 1920년대에 유행한 일본 민요풍의 염가(艶歌)인 「선두소패(船頭小唄)」를 슬쩍 우리말로 바꾸어―일본 노래가 아닌 것처럼 가장해―부른 적이 있었다. 일본에서 염가는 연가(演歌) 즉 엔카로 발전한다. 이 몸은 강기슭의 시들은 갈대, 그대도 나와 같이 시들은 갈대……노래가 끝난 후에는, 여러분……나는 어쩔 수 없이 허무주의자인가 봅니다, 라는 사족을 달면서 말이다.

3

1994년 7월이었다.

월드컵의 열기가 가득했다. 브라질과 이탈리아 간의 대망의 결승전을 앞둔 며칠 전인 듯싶다. 이탈리아의 미남 스타 바지오는 전세계 여성의 가슴을 설레게 했다. 바람기로 유명한 팝스타 마돈나 역시 공개적으로 말했다. 10년쯤의 연하의 남자인 바지오를 가리켜 '기똥 찬 남자'라고 찬사를 보내던 무렵에, 북한의 김일성이 죽었다는 소식이 빅뉴스로 전해졌다. 그리고 하루 이틀 뒤에 이형기 선생께서 중풍으로 쓰러졌다는 안타까운 소식이 들려왔다. 나와 친밀한 시인 이승하와 더불어 경희대학교 한방병원으로 문병하러 갔다.

병석에 누워계신 선생께 난 위로의 말씀을 드렸다.

선생님, 김일성은 죽었지만, 선생님께선 부디 만수무강하십시오.

선생님의 입가에는 엷은 미소가 번졌고, 옆에 있는 이승하 시인도 활짝 웃었다. 며칠 후에 월드컵 결승전에서는 두 팀 사이에 승부가 나지 않아 결국 승부차기로 우승이 판가름 나게 되었다. 미남 스타 바지오의 턱없는 실축은 이탈리아 팀에게 천추의 포한을 남겨주었다. 그의 멋있는 꽁지머리가 안쓰러운 순간이었다.

이때부터 시작된 20년간의 세월은 시인 이형기의 시간이었다. 문학의 실축이나 생의 마감에 맞서 싸우는 외로운 투병의 시간 말이다.

소설가 김인배를 떠나보내며

─ 2019. 1. 21.

범보(凡甫) 형님.

평소에 선생님이란 호칭보다 형님이란 호칭을 더 좋아하시고, 김인배라는 이름보다 범보라는 자호를 더 좋아하시던 형님. 오늘 마지막 지상에 계신 이 자리에서 살아생전에 불러보지 못한 자호를 불러봅니다.

범보 형님.

정말 믿기지 않는 일입니다. 세상에는 크고 작은 병을 몇 가지를 달고 살아도 십 년, 이십 년을 잘 대처하고 갈무리하면서 살아가는 사람들이 적지 않은데, 잔병 하나 없이 건강하게 살아온 형님이 병을 얻고 일 년 만에 돌아가시다니 참으로 뜻밖이요 허망한 일이 아닐 수가 없습니다. 또한 더욱이 평소에 자신이 스스로 건강하다고 믿어오지 않았습니까?

저와는 같은 진주 지역의 문인으로 살아가면서도 한 동안 만나지 못했습니다. 형님과 제가 만난 곳은 하동의 이병주 문학관 앞마당이었습니다. 아마도 유난히 봄기운이 감돌던 2010년 2월 어느 날이 아닌가 생각합니다. 그리고 보니, 형님과 저는 2010년대를 함께 보내왔군요. 저는 형님의 주변 인물 가운데 문학과 역사를 논하는 긴밀한 담화의 대상자로 자리하였고, 이런 인연으로 인해 앞으로는 형님의 마지막 삶과 문학을 증언할 수 있는 긴요한 위치에 놓이게 되었습니다.

형님 생애의 마지막 9년은 무척 안온하면서 활동적이었습니다. 이 기간에 문단 활동은 극히 자제하시고, 옛 시절의 일들을 반추하면서 몇몇 후배, 제자들과 더불어 서민적인 주점에서 격의 없는 담화를 주로 즐기었습니다. 형님은 술에 취하는 일은 거의 없었고, 주로 이야기에 취하는 일이 많았습니다. 보잘것없는 제 의견도 공감하면서 잘 들어주곤 하셨습니다. 문학과 역사에 대한 우리들의 담화는 때로 동서에 뻗어 있었고, 때로 고금을 꿰뚫었습니다. 지금 고쳐 생각하니 뜬세상의, 꽃처럼 소중한 인연이 아닌가 합니다.

범보 형님.

형님은 청년기에 화가의 뜻을 두시다가, 또 무슨 연유에서인지 모르지만 소설가로 생의 방향을 바꾸었습니다. 중년기에는 예술성의 밀도가 짙은 많은 소설을 발표해 중앙의 문단에 유다른 재능을 펼치고, 또 지역의 문단에도 남다른 문명을 떨치었습니다. 이 시기에 동인 활동을 통해 작단에 폭넓은 교우 관계를 맺었었지요. 이른바 '이문회우(以文會友)'라는 말이 있지요. 글로써 벗을 사귄다는. 이 시절을 지나, 형님은 장년기에 이르러 고대한일관계사에 침잠하기 시작했지요. 한 동안 역사 속으로 특유의 사유를 형성하고 있었지요. 거기에서 방대한 글쓰기가 새로 시작되었지요. 역사학자로서의 김인배. 저는 후세에 이 이름이 전해질 것을 확신합니다. 노년기에 이른 형님은 다시 소설가로서 문단에 되돌아 왔습니다.

형님께서는 생애의 마지막 2010년대에도 결코 붓을 서안 아래로 놓은 적이 없었습니다. 2012년에 낸 장편소설 『바람의 끝자락을 보았는가』는 기억이라는 틀을 빌려 의식의 주체로서의 개개인과, 굴곡진 현대사와의 연관성의 의미를 묻고 있는 소설이어서 많은 이들을 공명하게 했습니다. 2015년에 상재한 역사소설 『오동나무 꽃 진 자리』는 우리 경남 지역에 있었던 어느 향촌 선비 가문의 3대에 걸친 이야기를 미시사의 관점에서 탁월하게 서술, 묘파해 냄으로써 문학계도 문학계이지만 향촌사나 지역 문화에 종사하는 사람들에게 오히려 더 큰 울림을 던져준 작품이었습니다. 작년 2018년에 간행한 『열린 문, 닫힌 문』은 포스트모던 양식의 역사소설입니다. 이 작품은 대작주의를 지향한 소설입니다. 양적인 측면에선 대하소설의 원고 량에 미치지 못합니다만 질적인 혁신의 측면에서 볼 때 방대한 언어의 그물망을 펼쳐놓은 지적인 총체소설이란 관점에서 기존의 대하 역사소설의 문법을 능가하는 경이로운 작품입니다. 아쉽게도, 형님은 살아생전에 이 작품에 대한 정당한 비평적 가치

평가가 내려지기 이전에 서둘러 떠나는군요. 더 아쉬운 사실은 형님께서 가장 애착을 가지신 마지막 창작집의 원고를 완성하고도 출판의 결실을 맺지 못했다는 점입니다. 이 유고집은 유족의 뜻에 따라 앞으로 처리될 것입니다마는, 제 생각으로는 2010년대의 마지막인 올해 연말이나, 아니면 1주기가 되는 내년 1월초에 간행되는 게 좋을 듯합니다.

범보 형님.
형님은 전형적인 경상도 사내였습니다. 하지만 겉으로는 드러내지 않아도 가족에게 짙은 사랑과 애착을 느끼고 있었습니다. 저는 남들이 잘 알지 못하는 이 사실에 관해 남다른 느낌을 가지고 있었습니다. 형님이 좀 덜 사회적인 분인 대신에, 한결 더 가정적인 분이 아니었나, 하고 생각합니다. 이제 형님은 이 지상을 벗어나 하늘나라로 향해 영원한 소풍을 떠납니다. 천상에서는 가족에 대한 애틋함을 거두어주시고, 대신에 가족을 굽어 살피고 보살펴 주십시오.

범보 형님.
이제는 모든 것을 내려놓고 한없이 쉬십시오. 쉬고, 또 쉬십시오. 천상에서 지상의 일이 궁금하시면 꽃구름 자락을 슬며시 여시고, 우리 후배들이 문학과 역사에 관해 무슨 얘기를 나누는지, 어떤 내용의 글을 쓰고, 어떤 형태의 책을 내는지를 내려다보아 주십시오. 유난히 일기가 좋은 오늘, 명징과 모호함의 경계, 기쁨과 슬픔의 경계, 색(色)과 공(空)의 경계, 삶과 죽음의 경계로부터 벗어나 지상으로부터 천상에로 도약하는 길에 오르십시오. 이제 형님께서는 다른 차원의 초월과 약동의 순간에 놓여 있습니다.

 편안하게 명목하소서.

현해탄을 넘나드는 나라사랑

　가정 정환기 선생은 일본의 제국주의가 이 땅을 강점하던 시대인 1924년에, 흉년으로 인해 먹을 것 없는 마을에서, 옷과 밥과 자유가 늘 아쉽고 그립던 잃어버린 조국의 아들로 태어났다. 그의 탯줄이었고 동시에 젖줄이었던 진주 남강. 유사 이래 무수한 세월들을 견디며 사람들을 모아서 먹여 살려온 살림의 터전 위에 놓인 이 강은 유려하고도 묵묵한 흐름 속에서 청청한 기상을 잃지 않았던 진주의 상징으로 여겨지기도 한다. 그가 자신의 탯줄이요, 젖줄인 남강을 등지고 도일(渡日)한 것은 그의 나이 불과 세 살 때 일이었다.

　말도 잘 통하지 않는 공사판을 전전하셨던 아버지, 하루하루를 연명하다시피 어렵사리 살아가는 이웃들, 간고하고 남루한 모습의 조센징들—이러한 모습의 환경 속에서, 식민지 백성의 한 소년은 자라났던 것이었다. 그 후 그는 역사의 격동을 가로지르면서, 기성복 · 가구 · 운수업 · 파친코 등의 사업을 통해 실업인으로 크게 성장했다. 그런데 이보다 그가 사적인 영리 추구 못지않게 공익사업에 헌신해 왔다는 데 잠시 우리를 숙연 케 하는 바가 있다. 교포 2, 3세대가 우리말과 민족정신을 차츰 잃게 되자 나고야 한국학교를 설립하였고, 재일동포의 기업 육 성을 위해서 금융 기관을 설치했고, 재일 한국인들이 사상적으 로 빨갛게 물드는 것을 막기 위해 아이치현 민단을 결성하는 데 주도적인 역할을 했다.

그는 문필가로서 여러 권의 한글 저서를 공간한 바 있었는데, 최근 8월 15일에는 『세월 속에 성공을 담은 이야기』라는 제목 의 칼럼집을 출판하기도 했다. 두말할 것도 없이 광복절에 맞 추어서 자신의 책을 세상에 내놓은 것임에 틀림없다. 이 책에 사뭇 의미 있는 글귀가 눈에 띈다.

돈을 쓰고 싶어도 없으면 쓸 수 없다. 없는 소매는 흔들 수 없다는 말 이 있다. 그러나 사람은 아무리 재산을 많이 갖고 있어도 단지 소유하 고 있는 것만으로는 의미가 없다. 돈을 벌게 해준 것이 세상이므로 저 세상으로 갖고 가는 것보다 이 세상에 환원하는 것이 도리일 것이다. (……) 버는 것보다 쓰는 것이 더 어렵다. 돈을 어떻게 쓰느냐에 따라 그 사람의 인격이 결정된다.

이 정도의 생각과 소신이라면, 그의 삶의식과 행동양식은 하 나의 철학에서 비롯되는 것이 아닌가 하는 생각에 이르게 된 다. 그것은 이를테면 '용(用)의 사상'이라고 표현되는 것이 아닐까 한다. 쓸모 있는 사람으로서 어떻게 이 사회에 살아갈 것인 가, 사람을 어떻게 쓸 것인가, 노력하여 벌어들인 돈을 어떻게 사용하고 활용할 것인가, 하는 데서, 그의 사상이 비로소 꽃을 피운 것은 아니었을까.

이처럼 이론과 지식이 아니라 실천과 경험으로써 증명하는 삶의 역정을 살아온 그는 더욱이 모국의 교육 발전에 대한 열 망을 가슴속 깊이 품어 왔다. 우리 진주교육대학교에 발전 기 금을 10여년에 걸쳐 끊임없이 기탁해온 것도 이러한 열망의 하 나인 것. 올해로 그의 기부금은 어느덧, 우리 학교에만 백억 원 을 돌파했다. 그리하여 그는 고향의 후생들에게 가치로운 삶의 귀감을 제시해 보여주었다. 그의 용의 사상에는 아름다움의 빛 이 한껏 그윽이 깃들어 있다.

선생에게는 필생토록 한 가지 남은 소망이 있다. 그것은 장차 조국 대한민국에 자신의 몸이 묻히는 것. 어머니 품속처럼 늘 안온한 조국 강토에, 향그러운 흙냄새 가득한 고향의 땅 남강 변 어느 곳에, 몸을 누임으로써 그의, 이타적이면서 거룩한 삶 은 마감될 것이다.

마르지 않고도 청정한 우물물

동양 사상의 고전 중에서 가장 오래된 책은 『주역』이다. 주나라 때 만들어졌다고 주역(周易)이라고 한다. 이 책의 역사는 족히 삼천 년 가까이 되었을 것이다. 이 책은 공자도 즐겨 읽었다. 공자 때는 종이로 된 책이 아니라 죽간으로 된 것이었다. 우리나라의 이순신 장군도 주역에 대한 해박한 지식을 가지고 있어서 전황을 분석하고 작전을 수립할 때 종이책으로 된 주역을 활용했다. 미래를 예측하고 승리를 점치고 했던 주역이 오늘날에는 단순한 점서(占書)가 아닌 철학서로서 당당히 인정되고 있다.

주역의 64괘 중에서 48번 째의 괘가 정(井)괘이다. 정(井)은 우물이며, 또 이것은 온 마을 사람들에게 없어서는 안 될 물을 제공한다. 정괘를 설명한 괘사 중에서 이런 표현이 있다. "마을은 다른 곳으로 옮길 수 있지만, 우물은 바꿀 수 없다. 우물물은 아무리 끌어 올려도 마르지 않으며, 그렇다고 넘치지도 않는다. 많은 사람들이 오가면서 마셔도 항상 맑은 상태를 유지한다."

이 쾌사의 원문 중에 키워드가 되는 것은 '왕래정정(往來井井)'이다. 많은 사람들이 기꺼이 와서 물을 아무리 마시더라도 그 물의 맑고 깨끗함은 잃지 않는다는 사실을 가리킨다.

　재일 한국인 실업가 정환기라는 분은 내가 재직하고 있는 진주교육대학교에 이미 오래 전에 백 수 십억이란 거액을 발전기금으로 내놓으셨다. 지금 이 기금은 학생들의 장학금으로 활용되고 있다. 많은 학생들이 두루 혜택을 받고 있다는 점에서, 정환기 장학금의 그 '왕래정정'은 청정함과 베풂과 적덕(積德)의 이미지를 함께 지니고 있다. 그런데 최근에는 그 분이 또 다시 백 수 십억으로 평가되는 부동산을 우리 학교에 기증하셨다. 결코 쉬운 일이 아니다. 정말 놀라운 일이다.

　그는 식민지 백성의 가난한 아들로 일본에서 성장하면서 온갖 마음고생을 다 겪었다. 이 사실은 그가 살아온 내력의 자서전 『재일(在日)을 산다』에 잘 기술되어 있다. 이 책의 제목에는 재일교포를 가리키는 '자이니치(재일)'로서 일본에서 살고 있다는 뜻을 함축적으로 담고 있다. 이 책에는 재미있는 일화들이 적잖이 쓰여 있다. 이 가운데 두 가지 얘깃거리를 소개한다.

　그 하나는 그가 어린 나이에 조선인인 이유로 놀림을 받았던 일이다. 그가 1930년에 나고야 시내에 있는 아무 시립 소학교에 입학하여 재학했다. 정환기(鄭煥麒)의 일본어 발음인 '데이깡기'가 동급생들로부터 좀 우습고 이질적인 데 주목을 받았다고 한다. 그들에게 이상한 그 이름이 놀림감으로 이용되기에 족했던 모양이다.

뎃강(鐵管), 학깡(八貫), 쥬록깡(十六貫),
저울에 달아도 쥬록깡(十六貫).

소학교 생도 정환기는 늘 이런 말을 듣고 자랐다. 이것이 무슨 말인가? 대체로 이런 뜻이 아닌가 한다. 데이깡기는 뎃강을 연상시킨다. 뎃강은 철관이다. 철관은 속 빈 쇠 구멍이다. 이 철관도 녹이 슬면 고철에 불과하다. "고철, 여덟관, 열 여섯관, 저울에 달아도 열 여섯관." 단순한 말장난에 불과할 뿐이고, 별다른 의도도 없었을 것이다. 하지만 놀림을 당하는 본인은 사람 이름 때문에 놀림을 받는다는 게 기분이 좋지 않았을 것이다. 소년 정환기는 놀리는 친구들에게 큰 소리로 항변했다.

조선인들이 너희에게 뭐 나쁜 짓을 했냐?

또 재미있는 애기가 있다. 그는 전쟁 이후 양복점을 열었다. 사업가로서 첫 출발을 한 것이다. 그때 다이얼식 벽걸이 전화를 구입했다. 그 당시에 전화 가입비는 집 한 채 값 이상이었다. 어렵사리 전화를 구입하고, 전화번호를 받았는데 하필이면 '4989'가 아닌가. 이 '사구팔구'의 일본어 소리는 '시꾸핫구'이다. 이 발음은 사고팔고(四苦八苦)와 발음이 똑같다. 불교에서 말하는 인간 고통의 모든 것이다. 108번뇌도 여기에서 비롯한다. 번호 치고는 가장 기분 나쁜 번호다. 되돌릴 수도 없는 노릇이다. 그런데 한국어로서 '사구팔구'는 사업상 가장 좋은 소리다.

사람들이 오고 가고, 물건을 '사고팔고'……. 아까 말한 '왕래정정'을 연상시키는 그런 번호다. 결과적으로 이 전화번호는 한국식으로 부(富)를 건져 올리는 두레박이 되었다. 그 두레박은 시쳇말로 대박이었다. 정환기의 사업적인 번성은 이때부터 시작되었고, 그는 장차 나고야 한국학교를 설립해 재일 한국인 자녀의 민족교육에 앞장서게 되고, 만년에 이르러서는 그의 고향에 소재해 있는 진주교육대학교에 학생들의 장학을 위한 거금을 수차례에 걸쳐 내놓았던 것이다.

정환기라는 인물의 독지(篤志)에 의해 조성된 재단은 진주교육대학교 학생들에게 마르지 않고도 청정한 우물물이 되고 있다. 아쉬운 점은 모든 학생들에게 혜택이 돌아가지 않는다는 점이다. 장학금을 받는 학생보다 받지 않는 학생이 더 많다. 앞으로, 도서 구입이나, 수목 조성 등과 같이, 모든 학생이 그 우물물을 마실 수 있게 하는 지혜를 짜내는 것도 필요하리라고 본다.

제3부

풍류, 예, 대중가요

안민영의 풍류, 화양연화

　　과거의 중학생이라면 안민영의 이름 석 자는 들어볼 수 있었
다. 국어 시간에 박효관과 더불어 시조집 『가곡원류』를 편찬했
다는 것 정도는 말이다. 그러나 더 이상의 정보는 국문학의 전
문적인 영역 속에 숨어버린다. 안민영은 국문학사에서 시조를
지었던 극소수의 전문 작가 중의 한 사람이었고, 자신의 시조
가 노랫말이 된 가곡을 능숙하게 창(唱)할 수 있었던 당대 최고
의 가객이었다. 문학과 음악 분야는 물론 그의 행적을 보아도
우리 역사에 그보다 더한 풍류객은 없을 성싶다.

　　그의 정치적인 배경은 막강했다. 그는 대원군의 총애를 받았
고 운현궁으로부터 경제적으로도 적잖은 도움을 받았으리라고
짐작된다. 그에게 있어서의 대원군은 패트론(후원자)이었고, 그
는 한때 권력의 최고 실세였던 운현궁 왕실에 소속된 연행 집
단의 리더로서 일종의 가신(家臣) 역할을 했다. 오늘날의 입장에
서 볼 때, 그는 국악인에 해당되겠지만, 우리식의 궁중 계관시

인이기도 했다. 그의 실질적인 후원자인 대원군 즉 석파대로(石坡大老)를 찬양한 많은 시들을 썼고, 조대비와 세자의 탄신일, 부대부인의 갑연(甲宴), 경복궁 중건 등의 일을 축하하는 시들을 남겼다.

안민영은 전국 각지를 돌아다니면서 가객·광대·기생·악인들을 만났다. 특히 그는 우리 고장인 경남 지역에 오래 머물렀다. 그러면 안민영의 행적을 되살펴 보자. 그는 먼저 진주에 와 있었다. 촉석루 난간에 앉아서 서녘 바람에 잔을 들면서 논개 고혼의 충성된 마음을 위로하면서 눈물겨워 했다. 그리고 남해로 가서 금산에 올랐다. 진시황의 밀사였던 서불의 지나간 흔적을 유심히 살펴본다.

그 다음에 진주에서 여러 기생들을 만난다. 기생 난주를 시의 제재로 삼아 찬양한 두 편의 시조가 있고, 초옥은 서울에도 이름을 떨칠 만큼 명기였는데 시기하는 흠이 있음을 지적하고 있다. 비연은 색태가 사뭇 곱고 아름다워 진주를 시끌벅적하게 만든 기생이었지만 콧대가 높아 함부로 접근할 수가 없었다. 진주 인근 마을의 거부인 성진사조차 만나기를 거부당했다고 한다. 안민영은 간인(間人)을 통해 겨우 한 번 만났을 따름이었다. 비연을 만나서 쓴 시조 한 편은 내가 보기에 비록 알려지지 않은 작품이지만 주옥의 명편이다.

자못 붉은 꽃이

짐짓 숨어 뵈지 않네.

장차 찾으리라
굳이 헤쳐 들어가니,

진실로 그 꽃이거늘
문득 꺾어 드렸노라.

이 시조는 안민영 시조 181편 중에서, 물론 장차(將次)와 진실(眞實)이 한자어이긴 해도, 표기상 볼 때 유일하게 한글전용체로 쓰였다. 우리말의 평이한 아름다움을 떨친 옛 시조이다. 절세의 미인에게 꽃을 바치고, 시를 바치고, 또 노래를 바친 유혹의 종합선물 세트이다. 한 시대의 가객이요, 풍류객이요, 호색한인 안민영이 진주기생 비연과 어떤 관계로 발전했는지는, 기록이 없어 아무도 모른다.

또 그는 통영을 거쳐 거제에 들어가 산천을 유람했다. 여기에서 열여덟 살의 기생 가향이 가무에는 능력이 부족하나 용모가 무척 아름다워 "이런 변방에도 아름다운 여인이 있을까?" 하고 의심했을 정도였다고 한다. 함양의 연화도 소문난 기생인데 운봉 원님이 가증스럽게도 먼저 차지했다고 그는 술회했다.

그는 진주에 오래 머물면서 병을 얻었다. 물과 토양이 맞지 않아 풍토병에 걸렸던 것. 진주에 와서 처음으로 만났던 기생

송옥이 편지를 보내 문병을 했다는 사실을 시로 썼다. 의원이 와서 안민영에게 병이 위중하니 동래 온천에 가서 21일 동안 목욕을 하라고 권유한다. 그렇지 않으면 죽는다고 했다.

그는 즉시 동래로 향했다. 그는 도중에 마산에 들러 가야금과 편시조의 달인인 최치학을 만난다. 그에게 연주와 노래를 청해 들으니 놀랄 정도로 오묘한 명금·명창이라고 감탄한다. 이때 창원 기생 경패도 초청되었는데 미인은 아니지만 예의 바르고 교양 있는 여인으로 가무가 뛰어났다고 한다. 그리고 김해에서 지인을 만나 하루 보내고 이튿날에 동래 온천에 이르렀다.

안민영은 최치학과 함께 동래 명기로 은퇴한 청옥의 여관에 유숙하면서 21일 동안 목욕을 하면서 요양한다. 청옥으로부터 옥절을 소개받은 그는 한마디로 '빙자옥질'이라고 표현했다. 온 누리 눈이어늘 네 홀로 피었구나, 빙자옥질이여……. 그는 최고의 미인을 이처럼 '얼음 같은 모습과 구슬 같은 바탕'이라고 말하곤 했다. 건강을 회복한 그는 밀양 기생 초월의 정묘한 가무를 감상한 후 창원 기생 경패의 집으로 다시 향했다.

여기에서 여러 날을 보낸 후에 당시 송흥록이 거주하던 함안으로 발길을 돌린다. 송흥록은 당대의 가왕(歌王)이었다. 그는 운봉에서 진주로 와 노래 시합에서 풍류객으로 자처한 관인, 즉 진주에서 근무하는 경상우도 병사에게 이겨 미리 약속한 대로 진주 기생 맹렬을 차지했다. 그는 함안에서 맹렬과 살림살이를 하고 있었다.

안민영과 송흥록은 5일 동안 놀았다. 한 사람이 시조를 부르면 한 사람은 판소리로 화답했다. 역사상에 걸쳐 가장 뛰어난 가객과 광대의 짧은 만남이었다. 우리 음악사의 가장 광채로운 순간이 백 여 년 전의 함안 땅에서 이루어졌던 것이다. 안민영은 서울로 돌아간 뒤, 창원 기생 경패를 해주 기생 옥소선과 함께 운현궁에 소속된 '대령기생'으로 천거한다. 이를 미루어 볼 때, 그는 대원군의 명에 따라 숨은 예인을 픽업하는 스카우터가 아니었을까?

　가객 안민영의 전성기는 대원군 집정 기간이었을 것이다. 그가 여기저기를 유람하면서 사람들을 만난 때도 이 시기였음이 거의 확실하다. 영화 제목으로 유명한 표현이 있다. 화양연화(花樣年華)라고 말이다. 인생의 가장 아름답고 행복한 시기를 가리킨다. 그가 부산과 경남 지역으로 내려와 머문 것도 그에게는 인생과 예술의 화양연화라고 할 수 있다. 이때 그에게 진주가 머묾의 거점이 되었다. 진주 기녀의 가무악도 고종 시대에 가장 아름다운 꽃을 피웠다. 저 『의암별제』라는 고전적인 서책이 상목된 것도 이 시대가 아닌가? 고종의 시대, 특히 대원군 집정의 시기야말로 진주 기생 문화의 화양연화라고 할 수 있을 것이다. 기생 이름인 난주는 먹물로, 사군자인 매란국죽 중에서도 난을 잘 쳤을 것이고, 날 비 자 '나는 제비'라는 뜻의 비연은 무기(舞妓)로서 날렵한 제비처럼 전통춤, 이를테면 진주교방 굿거리춤 등에 일가견이 있었을 것이다.

진주 도자기의 진실과 논쟁

　이연철의 장편소설 「막사발」은 1999년에 출판되었다. 이것
은 여성 도예가 장다희의 예인으로서의 삶을 그린 이른바 예술
가소설이다. 하동 진교의 한 골짜기에 가마터를 연 여성 도예
가 장금정을 모델로 한 소설이다. 이 소설에서 다음의 글을 인
용해본다.

　　하루에의 말에 따르면 이경의 고향은 진주 근방이라는 것이다. 그렇
　다면 이경은 다희가 가마를 연 새미골에서 막사발을 빚었을지도 모른
　다. 생각만 해도 다희는 가슴이 뛰었다. 이도다완의 고향, 새미골. 그곳
　에서 꽃핀눈박이사발을 빚었던 이경. 그리고 그 맥을 이으려는 다희 자
　신……. 근 사백년을 잇는 역사의 한 줄기에 올라서 있는 느낌이었다.

　이 소설에 의하면 하동의 진교 새미골이 저 이도다완의 고향
이다. 새미골의 딴 이름인 '샘문골'은 특히 이도의 한자 표기인

정호(井戶)와 뜻이 거의 정확하게 상통하고 있다. 서민의 생활 잡기(雜器)에 지나지 않았던 조선의 막사발이 인위적인 꾸밈과 사심을 배제한 최고 명품의 찻사발로 누대에 걸쳐 일본인들에 의해 극도로 숭배되어 왔다. 이도다완의 원류가 정말 진주막사발이었을까? 이 가설이 과연 학문적으로 검증될 수 있을 것인가? 진주에 연고를 둔 사람이라면, 게다가 도자기에 관해 관심이나 애정을 가진 사람이라면, 아마도 각별한 느낌의 가슴 설렘을 경험하지 않을 수 없을 것이다.

과거의 진주는 오늘날의 진주가 아니다. 광역화된 진주권이라는 점에서 볼 때 하동·산청·사천 등이 진주의 지역 개념속에 포함되었다. 진주 근방의 사기장이었던 이경은 임진왜란 때 일본으로 잡혀가 신분이 상승하였다. 그에게 권력자로부터 하사된 이름은 사카고라이자에몽! 이 이름은 지금 12대에까지 계승되었다. 얼마 전에 갑작스레 세상을 떠났다는 사카고라이자에몽 12대의 작품이 3년 전 서울의 한 화랑에서 전시된 바 있었다. 한 눈에 봐도 일본화된 미감이 적나라하게 드러났지만 제작 기법은 하동 지역의 것과 매우 흡사하다고 말해지고 있다. 어쨌든 이경은 이도다완을 만들었고 이는 지금도 전해진다. 이도다완의 역사가 진주막사발에서 비롯되었다는 유력한 하나의 근거는 바로 여기에 있다 할 것이다.

또 다른 근거가 있다면 일본 아가노야끼의 역사를 연 김전계의 고향이 사천이라는 데서 역사의 숨은 진실을 찾을 수 있다는 것. 이 가설을 일단 수용하자면, 그는 임란 이후 격동기에 이

도다완을 빚을 수 있다는 사실 때문에 일본에 납치되었다는 추정이 가능해진다. 납치한 당사자의 후손도 동의했다고 한다.

진주신문사에서 특별히 기획하여 취재한 「잃어버린 도자기의 땅을 찾아서」는 작년 저물녘에 네 차례에 걸쳐 연재되었었다. 문헌 자료의 절대 부족이란 한계에도 불구하고 쟁점 투성이에 다소간 신비의 베일에 싸여 있는 지역 도예사의 선험적인 실체에 진주신문사가 모처럼 도전했다는 것은 의욕과 열정의 소산이 아니면 불가능한 일일 터이다. 4백여 년 전에 납치된 사기장의 후손들을 일본에서 만나 역사적인 증거의 실마리를 찾으려 했고, 이견(異見)의 각을 세우고 있는 지역 도예가 두 분으로부터 원고를 받아서 논쟁을 통해 역사의 진실에 접근하려고 노력했다는 점에서, 진주신문사가 기울인 노력은 결코 과소평가될 수 없다고 여겨진다.

그러나 진실의 실체를 밝히려는 의욕이 앞서 애최 너무 무거운 짐을 지면서 취재를 시작한 감이 있었다. 결과적으로 볼 때 이번 기획의 긍정적인 면은 적지 않은 부분에 걸쳐 체계적으로 정리했다는 데 있을 것이며, 아쉬운 대로 미진한 점이 있다면, 이는 각별히 주목될 만큼 새로운 사실을 찾거나 밝히지 못했다는 데 있을 것이다.

막사발 논쟁을 벌인 두 분 도예가들도 실증보다는 명목(名目)과 형식 논리에 치우친 감이 없지 않았다. 지명을 통해 진실을 유추하거나 직관과 감성으로써 실체를 추론하려는 면이 필경 드러나게 마련인 것도 이 때문이 아닐까? 어쨌든 진주 막사발 논쟁은 여기에서 멈추지 않아야 한다. 더욱 확산되는 것이 바람직할 것이라고 전망된다.

진주는 분청계(紛青系) 막사발 이후에 백자의 태토로도 전국적으로 유명했었다. 경기도 광주 분원리 관요에서 백자를 만들 때 이른바 진주 백토를 매우 선호했었다. 도공들이 어기(御器) 번성(燔成)하는 데 있어서는 영남에 내려가 진주 백토를 어렵사리 구해 올라 왔다고 전해진다. 이하곤(1677~1724)의 시 「분원」에 잘 묘사되어 있는 게 사료적인 가치가 매우 높다.

길 따라 지난해 넘은 고개로 가니,
화물선에 진주 백토를 실어오누나.

自道前年踰嶺去
晉州白土載舡來

올해(2006) 제2회 세계도자 비엔날레가 열릴 때, 나는 광주 관요 박물관에서 백자 능화형 접시 하나가 전시되어 있는 것을 보았다. 긴 마름모형의, 사뭇 모던한 형태에 녹색 투명유가 씌어져 있었다. 여기에 '진주(晉州)'라고 하는 한자 글씨가 고졸하게 새겨져 있었다. 이 소중한 접시 한 점은 고즈넉한 침묵 속에 엄존하고 있는 역사의 웅변이라고나 할까?

풍류의 재발견

    진주가 유네스코에서 지정한 창의도시로 선정되었다. 진주 천년의 도시사(都市史)에서 새로운 전기를 마련한 것이다. 진주는 그동안 예술의 고장이니 교육도시니 하면서 지역의 정체성을 찾아왔다. 이제 창의성이 있는 도시로 세계화되었으니 온고지신의 삶을 양식화하는 품격 있는 삶의 현장으로 발전하였으면 한다.

    진주가 오늘날의 예향으로 인정된 것은 조선 후기부터이다. 진주는 예로부터 춤의 고장으로 잘 알려졌다. 북평양에 남진주요, 남원 소리에, 진주 춤이라고 했다. 가창 문화도 남다른 데가 있었다. 한마디로 말해, 진주는 풍류가 깃든 곳으로 잘 알려졌다. 1950년대만 해도 아침의 해가 뜰 무렵이면 옥봉동 근처에 기생들의 목 푸는 소리가 곱게 들렸다는 증언들이 남아있다.

    풍류는 무엇인가? 이 말의 시작은 중국의 진(晉)나라에서 비롯하였으니, 2천 년 정도 되어간다. 바람(風)을 갈무리하는 것이 산이요, 흘러가는 것(流)이야말로 물이니, 풍류는 산과 물을 합성한 말이라고 보인다. 옛 역사서에도 '유오산수'라는 말이 있다. 화랑, 즉 '꽃사내(꽃미남)'들이 '모둠살이'를 하면서 산수를 유람하면서 노닐었다. 최치원의 말마따나, 풍류는 나라의 현묘한 도이다. 우리의 풍류는 우리의 토착신앙과 관련을 맺은 정신세계라고 본다. 그윽하고 미묘하기에 언어로 표현하기가 어려워 중국에서 유입된 한자어 '풍류'라는 유명론(唯名論)에 기댈 수밖에 없었다.

이 풍류가 제도화된 것은 신라 진흥왕 때였다. 풍류를 실현하는 집단이 꽃사내들이 모인 화랑이었다. 서기 575년 진흥왕 때의 일을 보면, 화랑이 상마도의와 상열가악을 실천했다고 했다. 함께 도의를 연마하고, 함께 음악을 즐겼다. 이 집단은 삼국통일이란 큰일을 남기고, 점차 역사 속으로 사라져갔다.

진주는 조선 후기에 엄청난 정치적인 좌절을 겪는다. 인조반정(1623)과 무신란(戊申亂 : 1728)은 진주와 경상우도를 초토화시켰다. 이 지역에서 문화적으로 진작시킬 수밖에 없는 것은 풍류, 즉 예술뿐이었다. 진주의 가무(교방문화)와 통영의 공예품(12공방)은 전국적으로 이름을 떨쳤다.

지금 우리 사회는 어떤가? 시간적으로는 압축 사회요, 공간적으로는 과밀 사회다. 압축 성장을 이루었으니, 압축 갈등이 일어날 수밖에 없고, 나라가 좁다 보니 악플러와 가짜뉴스 메

이커가 날뛴다. 음악마저 오빠부대들에 의해 이익집단화한 지 오래다. 이 압축과 과밀의 사회에 온갖 '-빠'들의 맹신 집단과, 많은 '-충'들의 혐오 집단이 동거하고 있다. 풍류 정신이 없어서다. 함께 도의를 연마하고 함께 음악을 즐기는 여유가 사라져서이다.

박경리의 「토지」를 꿰뚫는 사상은 이른바 산천(山川) 사상이다. 거대한 산과 도도한 강에 비하면 인간의 마음은 협애하다. 산천의 포용성 속에는 군주를 위한 생각도 백성을 위한 생각도 없다. 민족주의도 사회주의도 없다. 정승판서와 백정의, 왜놈과 조선 놈의 차별도 없다. 지금의 사정을 말하면, 산천 사상에는 보수 반공과 진보 반일로 나누어지지 않고, 광화문과 서초동으로 쪼개어지지 않는다.

산천은 도대체 무언가? 풍류의 또 다른 표현이다. 올해(2019) 11월 29일 오후에 진주교대 제1강의동 1층에서 '진주 지역학'에 관한 세미나가 크게 열린다. 나 역시 '진주 지역의 가창문화'라는 주제를 발표한다. 수많은 시민들이 참석해 대화의 장을 함께하면 좋겠다.

검무의 역사와 진주

검무와 칼춤은 같은 말이다. 우리의 토박이말인 칼춤이 버젓이 있지만 잘 사용되지 않는다. 칼춤이란 말이 대체로 부정적으로 사용되기 때문이다. 간헐적으로, 정치판에는 '망나니 칼춤'이니 하는 표현도 난무하기도 한다. 이를테면, '지금은 서슬이 시퍼런 법무부 장관의 망나니 칼춤에 검찰총장의 목이 위태롭다' 라는 등의 표현이 가능할 것 같은 시국이다. 이런 걸 볼 때, 검무는 칼춤에 비해 가치중립적인 용어로 사용되고 있다. 검무의 유래는 신라의 황창랑이 추었다는 황창무에서 비롯했다. 고려시대의 문인들의 시에 의하면, 검무가 가면을 쓰고 연출되었음을 나타내는 구절이 있다. 각 지방에서 오래 전승된 검무는 민속탈춤이었던 것으로 추정되는 대목이다. 조선통신사 일행의 노고를 위로하는 의미에서 수행한 대구 기생 옥진 형제의 황창무, 실학자 박제가가 당대 검무의 제1인자라고 평한 밀양 기생인 운심의 검무가 가면무라고 하지 않았던 걸로 보아서, 조선 후기에는 가면 벗은 춤꾼의 독자적인 검무가 정립되었을 것으로 보인다. 검무는 조선 시대 기생들이 춘 대표적인 한국 춤이다. 일제강점기에 국제적인 명성이 자자했던 신무용가 최승희가 추었던 검무도 조선 시대의 기생이 추었던 검무에서 영감을 얻었다. 검무라고 하면, 진주 검무가 유명하다. 여러 지방에 전승되는 검무 중에서도 진주 검무의 작품성이 가장 현저하기 때문에 문화재로 유일하게 지정되어 있다. 그것도 국가 단위의 중요문화재이다. 정약용은 젊은 날 장인이 경상우병사로 재직하고 있던 진주에 방문해 촉석루에서 진주 기생이 추던 검무를 감상하면서 시로 남긴 바 있었다. 시의 내용을 보면 독무였다. 이로부터 그다지 오래 되지 않은 시점에, 신윤복은 '쌍검대무'(간송미술관 소장)를 그렸다. 이 그림에는 조선시대 검무의 모습이 매우 아름답고 여실하게 묘사되어 있다. 그림 내용을 보면, 어느새 검무가 독무에서 쌍무(2인무)로 변한 것을 알 수 있다. 순조 때 지방의 춤들은 비약적으로 발전하고, 이 춤들이 표준화되면서 궁중무용으로 격상된다. 임금께 바치는 예술적 재능을 두고 정재(呈才)라고 하는데, 검무 역시 정재(舞)의 주요 목록이 되었다. 검무는 지방 교방에서 4검무로 추어졌고, 궁중에서는 각 지방의 검무들이 정재화(표준화)되면서 8검무로 정립된다. 검무의 연행자는 이처럼, 독무, 쌍무, 4인무, 8인무로 확장되어 갔다. 지방의 무기(舞妓)들이 입소문이 나면 궁중으로 뽑혀간다. 진주 교방청에서 뽑혀간 기생들이 적지 않았다. 이 중에 한말에 이르면, 산홍과 최순이가 있었다. 검무에 특히 능한 두 무기는 십 수 년의 나이 차가 있었지만, 비슷한 시기에 고종 앞에서 연행했다. 산홍은 서울에 남아 난세의 애국 기생이 되지만, 최순이는 관기 제도가 폐지되면서 귀향한다. 궁중 정재의 영향을 받은 그는 귀향한 후에 어려서 교방에서 배운 진주 원(原)검무를, 진주 신(新)검무로 개량한다. 정약용이 시로 남긴 검무는 진주 원검무요, 시민들이 지금 알고 있는 검무는 진주 신검무다. 훗날 최순이는 진주 권번의 춤 선생으로 장기간 활동한다. 그는 진주 춤의 과거와 현재를 이어준 가교다. 그가 없었다면, 진주 춤의 전통과 계승도 결코 생각할 수 없다. 한 시대의 명무인 김순녀도 그의 제자다. 두 사제 간의 계보는 바로 진주 춤의 역사다. 두 사람은 자연인을 넘어 예인이니까, 본명보다 예명으로 명명하는 게 좋겠다. 이른바 최완자-김수악 계보라고 해야 온당하다.

암흑기 죽로지실의 사람들

1

경남 지역은 차 생산과 차 문화로 유명하다. 차 생산의 역사
가 깊은 것은 김해와 하동이다. 김해는 죽로차와 장군차가 있
었다는 기록이 있다. 죽로차는 대숲 아래의 이슬(露)을 머금은
차라는 뜻으로 멀리 설화 시대로 거슬러 오른다. 지금도 김해
에 장군차라는 이름으로 시판되고 있는데, 고려시대의 장군차
와 지금의 장군차가 같은지 알 수 없다. 하동의 화개차는 지명
을 딴 차 이름으로 유명하다. 중국의 용정차니 일본의 우지차
니 하는 것처럼. 근대에는 사천 다솔사의 최범술 스님이 몸소
덖어낸 반야로와, 또 여기의 죽향차가 잘 알려져 있다.

경남 지역에서 생산된 차가 전국으로 확산되어 있지만, 특히
부산과 진주에서 많이 소비된다. 이 두 곳은 우리나라 현대 다
도의 성지다. 조용헌이 '북커남차'를 논하면서 북쪽의 커피와

남쪽의 차를 비교한 적이 있었지만, 그의 논조를 잘 살펴보면 '경(京)커부(釜)차'라고 하는 게 맞다. 서울의 커피와 부산의 전통 차. 부산의 차 문화는 상당히 높은 경지에 이르렀다고 한다. 진주는 부산보다 더 일찍 다도의 성지로 발돋움했다. 진주 차인에 관한 얘깃거리도 적지 않다.

2

일제 강점의 말기는 전쟁 중이었고, 살림살이가 매우 궁핍했다. 지식인들이 친일하지 않고 살아갈 수 없는 세상이었다. 그래도 인동초처럼 한 시대를 참고 견뎌낸 사람들이 적지 않았다. 국학자 정인보나 시인 정지용 같은 지사풍의 식자(識者)들은 서울을 떠나 은거하기도 했다.

이 무렵에 남해안 가까운 진주 쪽에 사람들이 알게 모르게 몰렸다. 진주는 기차가 지나가는 곳으로 교통이 좋았다. 시쳇말로 문화적인 역세권이라고 하겠다. 식자들이 모이는 곳은 탈속의 공간인 사찰이었다. 최범술의 다솔사와 오제봉의 의곡사에 사람들이 드나들었다. 다솔사에서 진주까지 기차로 잠시 갈 수 있지만, 사천이나 삼천포에는 한없이 걸어야 했던 시절에, 행정 구역이 사천에 속한다고 해도, 다솔사는 영락없는 진주 권역이었다. 다솔사와 의곡사의 사랑방은 이른바 '죽로지실(竹爐之室)'로 비유된다.

한자로 '죽로지실'이라고 하면, 추사 김정희의 서예, 즉 그가 어느 벗에게 준 편액의 글씨로 유명하다. 물론 이것은 차를 마시는 방, 즉 다실을 뜻한다. 혹자는 죽로를 두고 대나무로 만든 화로라고 하나, 이 새김의 뜻은 전혀 상식에 맞지가 아니한다. 내가 생각하기로는 '죽의 로'가 아닌 '죽과 로';이다. 차를 보관하는 죽통과 차를 끓이는 화로가 있는 방, 즉 다실인 셈이다.

베풀기를 좋아했던 최범술의 다솔사에는 여기저기에서 빈객들이 모였다. 지사와 문인, 화인과 묵객이 대부분이지만, 러시아 애인을 동반한 아나키스트 등 더러 사상적으로 불온한 사람들도 있었다. 최범술은 자신의 정신적인 스승인 만해 한용운을 모시기도 했고, 재야 사상가로 유명한 범부 김정설과, 훗날 최고의 소설가가 된 김동리 형제도 은거하는 데 도움을 주었다. 김동리의 소설 「등신불」도 만해와 범부가 대화하던 죽로지실의 기억에서 착안한 것이다. 이승만 정부 시절에 문교부 장관을 역임하기도 한 승려 김법린이 다솔사에 있다가 조선어학회 사건 때 진주경찰서로 잡혀가기도 했다.

해방 직전의 암흑기에, 화인 묵객 중에서 정대기 · 변관식 · 박생광 · 정명수 · 정현복 · 허민 등이 다솔사와 의곡사의 죽로지실에 드나들면서 차를 마시면서 어두운 난세를 인내하고 있었다.

3

암흑기 죽로지실의 사람들 중에서, 다솔사 역에서 멀지 않은 하동 횡천 출신으로서 상해에 망명해 독립운동까지 하다가 귀국해 진주에 머물면서 지사적 풍모의 묵죽 필법을 마음껏 발휘하였던 벽산 정대기(1886~1953)로부터 시작해 기억해야 할 분들이 많다. 하지만 나는 이 짧은 글에서 화인인 소정 변관식(1899~1976)과 묵객인 유당 정현복(1909~1973)을 지적하지 않을 수 없다.

황해도 옹진 출신인 소정은 11세에 화가로 유명한 외조부의 손에 이끌려 상경했다. 서울에서 성장하면서 화가의 길을 걸었다. 결혼한 이후에는 3년 만에 아내 현씨와 사별했다. 이 슬픔을 술과 방랑으로 달랬다.

그는 1939년에는 진주에 와 「누각정경」과 「강촌유거」 등의 그림을 그렸다. 제1차 진주 시절(1939~1943)에 열두 살 아래의 진주 강씨와 재혼했고, 다솔사에서 머물기도 했다. 이때 만해·범부·효당·유당과의 인적 교류가 있었음은 두말할 필요도 없다. 그는 성격이 강직했고, 이로 인해 화풍도 갈필(渴筆)의 뻣뻣하고 짙고 거친 분위기가 압도적이었다. 1943년에 전주로 가서 호남권에서 주로 활동을 하지만, 한국전쟁 때 다시 처가 진주로 거처를 옮긴다. 제2차 진주 시절(1950~1954)이 있었다. 진주는 그의 처향이었고, 그는 진주의 백년지객(사위)이었다.

진주를 소재로 한 그의 작품이 적지 않은 것도 처가 및 처향

사랑의 표현이라고 할 수 있겠다. 그의 진주 소재 그림 중에서, 나는 만년의 작품인 「진양 촉석루 춘색(春色)」(1972)에 늘 눈길이 간다. 나는 동아일보사가 간행한 『소정 변관식 화집』(1975)을 소장하고 있는데, 이 책에서 이 그림을 틈틈이 감상하고는 한다. 아내의 고향에 대한 조형적 헌사랄까? 농담 없는 먹으로 그리되 진주의 지형적인 특성인 분지임을 나타낸 틈새를 안개로 처리해 원근법을 대신한 담아(淡雅)의 실경 산수화다. 진주에서 소정의 진주 그림을 어느 정도 소장하고 있는지 잘 모르겠다. 이것이 없다면, 시 예산으로 지금이라도 수집해야 한다.

이른바 풍류 묵객인 유당은 합천 출신이다. 고향보다 진주에서 훨씬 더 오래 살았다. 그는 촉석루와 해인사 현판 글씨로 유명하다. 그 역시 소정처럼 진주가 처향이다. 그는 일찍이 수곡면의 부농 진주 하씨 가문에 장가를 들었다. 그는 다재다능한 천품을 지녔다. 그는 한학에도 일가견이 있었고, 두주불사의 소문난 한량이기도 했다. 그의 국악 창은 아마추어 수준을 넘었다. 이 방면의 기라성 같은 이들이 서예를 그만두고 국창계에 입문할 것을 강권했다고 한다.

나는 서예에 관한 한 손방이다. 서예 작품에 관한 감식안도 전혀 없다. 하지만 진주 묵객의 서예 작품을 적잖이 수집해 왔다. 유당의 작품도 몇몇 편을 소장하고 있다. 나는 그의 작품을 볼 때마다 왠지 모를 아우라를 느낀다. 서예와 풍류는 전혀 무관해 보였는데, 그의 서예를 보면 풍류적 야취(野趣) 같은 게 감지된다. 그를 알았던 사람들 중에는, 그를 두고 명예와 불의를 멀리한 지사형 묵객이라고 기억하는 사람들이 많다. 예술 성향이나 성정에서 소정과 비슷하다.

　그는 제자를 일체 남기지 않았지만, 그의 차남 정도준은 아버지의 재주를 이어받았다. 나는 수 년 전에 국제적인 명성이 자자한 이 분을 누군가의 주선으로 만나 서울 인사동에서 점심을 들면서 대화를 나눈 적이 있었다. 먼 옛날에 나의 은사 이형기 선생이, 인간 못된 게 예술한다, 라는 말을 내게 주석에서 인상 깊게 남기기도 했지만, 또 한편으로는 정도준 선생처럼, 내게 예술가의 인품이 매우 고매할 수 있다는 사실에 대한 새삼스러운 감회를 남기기도 했다. 그래서 나는 이 분을 만나고 난 인상을 시로 쓴 바 있었다. 제(題)하되, '시인묵객이 고금을 오르내리는데'이다. 내 졸(拙)시집『첩첩의 겨울 산』(2017)에 실려 있다.

4

　내가 진주에서 20년 이상을 재직하면서, 얼핏 이해가 되지 않은 부분이 암흑기 죽로지실의 사람들에 관한 문화콘텐츠다. 다솔사 · 의곡사와 얽히고 짜인 인간관계와 문화의 그물망이 분명해 보이는데, 지역 사회에선 이에 대한 관심이 거의 없다는 것이다. 다솔사의 경우는 진주시에서 관외의 지역으로 보고, 사천시에선 진주권으로 여기면서 서로 소 닭 보듯이 하는 감이 있지 않나, 생각된다. 그나마 최근에 이성자시립미술관에서 '죽로지실전'을 기획하고 전시한 것은 다행이라고 하겠다. 좀 아쉬운 점이 있다면, 사전 검토가 더 정교해져야 했고, 도록이나 자료집도 남겨야 했다. 앞으로 진주와 사천이 공동으로 다솔사 연구가 제대로 될 수 있도록, 지역의 문화콘텐츠로 활용될 수 있도록 정성을 기울이면 좋겠다. 끝으로, 자료 하나 덧붙인다. 기사문 「경남의 예(藝)·47」에서 다음의 글을 따온다.

일본이 패망하기 직전, 사회가 혼란해지자 당시 다솔사 주지였던 최범술 씨가 소정 변관식을 비롯하여 김범부 등 유명 인사들을 무료 기거케 함으로써 유당 정현복과 함께 내고 박생광, 운전 허민, 벽산 정대기 등이 모이게 되었다. 이즈음 진주의 문인 묵객들은 다솔사에서 의곡사 등지로 번갈아 가며 풍류를 노래하고 화폭과 시와 글(씨)에 열중할 수 있었다. (경남신문, 1987. 4. 13.)

불세출의 남인수를 위한 변명

1

진주 출신의 만능 엔터테이너였던 김서정은 우리나라 최초의 대중가요를 작사하고, 작곡한 이다. 무성영화 「낙화유수」(1927)의 주제가였기 때문에, 본래 제목이 없었다. 후세에 붙여진 노래의 제목이 「강남 달」이다. 이때 주제가는 이 영화를 연출한 이구영 감독의 여동생이었던 소녀 가수인 이정숙이 무대위에서 직접 불렀다. 또, 그녀는 이 노래 외에 동요 「반달」과 「오빠생각」 등을 취입했다. 김서정은 「강남 달」을 통해 한국 대중음악사의 첫 페이지를 장식한 인물이자, 진주 출신의 대중가요인의 첫 머리에 놓이는 인물이다. 「강남 달」의 노랫말 제1절 전반부는 이러하다.

강남 달이 밝아서

님이 놀던 곳

구름 속의 저의 얼골
가리어졌네.

영화 속의 서울 화가와 진주 기생은 신분의 차이로 인해 사랑이 이루어지지 못하고 비극으로 끝이 났다. 영화가 만들 당시는 진주에 남강다리가 처음으로 생길 무렵이었다. 실연한 여인은 서울로 가버린 연인을 그리워한다. 얼굴의 옛말인 '얼골'의 말맛이 그윽하다. 다리 건너 망경동 쪽으로 산보하던 곳이 님이 놀던 곳이 아니었을까? 노래하는 이가 있는 위치는 밤의 촉석루다. 촉석루 야경이 떠오른다. 이것을 묘사한 화가 박건우의 그림도 떠오른다. 이 그림 속에 보름달이라도 그려졌으면, 더 좋았을 것이다.

나는 십 수 년 전부터 촉석루 언저리에 최초의 대중가요 기념비를 세워야 한다고 진주 분들에게 줄기차게 주장해 왔다. 물론 사적인 제안이었다. 모두 쇠귀에 경 읽기였다. 그 표지석에 드는 돈이 얼마라고. 돈이 문제가 아니라, 문화에 대한 감각이나 의식이 문제다. 지금 세계적인 명성의 BTS의 먼 원류가 김서정 혹은 「강남 달」에까지 닿는다고 생각하면, 결코 가볍게 생각할 문제가 아니라고 본다. 지금이라도 다시 한 번 생각해 봐야 한다.

진주 출신으로서 대중가요 분야에 기여한 사람들이 많다. 굳이 그 이유를 따진다면, 진주가 전통적으로 풍류의 고장이라는 데 있을 것 같다. 오랫동안 기생들에 의해 가무악의 전통을 계승해온 문화적인 배경 및 특유의 장소성이 있던 진주가 아닌가? 대중가요 분야에서 손에 꼽을 만큼 이름을 떨친 이들을 열거하자면, 대체로 다음과 같다. 이를테면, 김서정·문호월·손목인·남인수·이재호·이봉조·정민섭 등이다. 이 방면을 조금 아는 이라면, 이들이 가요사의 빛나는 별자리라는 것을 알 것이다.

내가 열거한 일곱 명의 인물들은 대체로 세 가지로 성격화 될 수 있다고 본다.

첫째, 대중가요를 오락의 수준에서 벗어나 민족의 차원으로 승화한 사람들이 손목인과 남인수다. 손목인은 작곡가로서 1930년대에 「목포의 눈물」과 「타향살이」와 「짝사랑」 등을 통해 민족의 심금을 울렸다. 남인수는 일제강점기에서부터 해방 공간을 지나 한국전쟁에 이르기까지 민족의 애환과 수난사를 달래준 불세출의 민족가수이다. 이 두 사람 외에도 「나그네 설움」과 「단장의 미아리고개」 등을 작곡한 이재호가 있다. 이들에게 친일의 오점이 있었지만, 노래의 의미를 민족의 차원으로 끌어올린 것은 부인할 수 없다. 이들이 작곡하고 노래한 곡목들은 일종의 시대정신이란 게 반영되어 있었다.

둘째, 다재다능함의 유형에 포함되는 이들이 김서정과 이재호와 이봉조이다. 김서정은 진주 기생의 아들로 태어나 서울에서 신교육을 받았다. 휘문의숙 출신이라고 한다. 그는 만능 엔터테이너였다. 작곡가, 작사자, 변사, 희극인 등으로 활동했다. 1920년대에는 변사가 가장 인기가 있던 연예인이었다. 유성영화와 함께 몰락한 직종이다. 이재호와 이봉조는 진주중학교의 사제지간이다. 두 사람 모두 작곡, 편곡, 연주에 능했다. 이봉조는 작곡가뿐만이 아니라 색소폰 연주자로 유명했고, 배우 신성일의 증언에 의하면, 그는 붓이나 펜으로 쓴 필체(筆體)도 감탄할 정도의 달필이었다고 한다.

셋째, 진주의 대중가요인 중에서 가요사의 비트로트 가능성을 보여준 이들이 문호월, 이봉조, 정민섭이다. 준수한 용모의 문호월은 1930년대 신민요의 기념비적인 존재다. 지금도 전통민요로 아는 사람들이 많은 「노들강변」은 그의 대표작이기도 하다. 이봉조는 미국의 재즈 음악에 심취했다. 재즈 뮤지션 엄토미에게 개인적인 지도를 받기도 했다. 진주사범학교 출신의 정민섭은 속칭 '뽕끼'에 물들지 않은 대중가요 작곡가로 유명했다. 그의 잘 알려진 곡은 「대머리 총각」 등의 명랑 가요들이 많았다. 그의 마지막 작품인 「곡예사의 첫사랑」은, 내가 생각하기론 그가 남긴 최고 명곡이다. 작사도 그가 했다.

이들에게 아쉬운 점이 있다. 일곱 명 중에서, 손목인을 제외하고 천수를 누리지 못했다. 문호월·손목인·남인수·이재호·정민섭은 한창 일할 나이인 40대에 세상을 떠났다. 이 중에서도 정민섭은 아내인 여가수 양미란도, 「곡예사의 첫사랑」을 부른 여가수 박경애도 요절해 슬픔을 더했다. 만약 이들이 오래 살았다면, 우리 가요사에 정말 큰 일을 했을 것이다.

이들 중에서도 '베스트 원'이라면, 불세출의 가요황제로 평가된 남인수일 것이다. 그는 대중적인 명성에 있어서나 노래의 사회문화적인 기여도로 볼 때나 진주의 대중가요인 중에서도 오직 한 사람이다. '베스트 원'이라기보다 '온리 원'인 것이 실상에 가깝다.

2

남인수는 중국에 있는 군관학교에 입교하기 위해 경북 김천에서 누군가에게 중국어를 배우고 있었다. 1935년 무렵의 일이었다. 노래 실력이 있다는 소문이 서울에도 알려져 오디션을 받으러 상경하였다. 이듬해에 오케 레코드사 전속 가수로 픽업되었다. 열여덟의 나이였다. 이때 한 시대의 명곡인 「애수의 소야곡」은 그를 최고 가수의 반열에 올렸다. 그는 해방 이후에도 역사의 고비마다 민중의 심금을 울린 노래를 불러 가요황제라는 별칭을 얻었다. 그는 병이 나 말년에 주로 고향 진주에서 머물며 요양했다. 내가 진주에 부임한 지 얼마 되지 않은 20년 전 즈음의 일이었다. 진주의 명사에게 직접 들은 얘기다. 그가 1950년대 말에 서울에서 공부를 하다가 방학 때 진주에 내려오면 친구를 만나기 위해 다방을 자주 들렀다고 한다. 그가 간 다방은 남인수가 운영하는 다방이었다. 그는 남인수가 누군가와 대화하는 말을 옆자리에서 우연히 들었다. 그 목소리가 얼마나 청아했으면, 쟁반 위에 옥구슬 구르는 소리 같았다고 했다.

그는 청아한 목소리에다 탁월한 가창력을 더해 한 시대의 사람들의 마음을 사로잡았다. 과장되게 말해 부르는 노래마다 히트곡이 될 만큼, 그는 가수로서 성공의 길을 걸었다. 인물도 좋았다. 그를 좋아한 여자들도 많았을 거다. 연상의 여가수 이난영과 서로 호감이 있었지만, 각자 서로 다른 배우자와 혼인했다. (두 사람은 만년에 사실혼 관계였다.) 그가 부른 노래의 총량이 무척이나 많았다. 그렇기 때문에, 그에게는 숨은 명곡도 적지 않다. 그 중의 하나가 바로「울리는 만주선」(1938)이다. 시인이면서 작사자로 저명한 조명암이 작사하고, 진주 출신의 작곡가 손목인이 작곡한 노래다.

풍푹칙칙 풍푹칙칙 뛰이
떠난다 타관천리 안개 서린 음—으음 벌판을
정은 들고 못 살 바엔 아—아—아아 이별이 좋다.
달려라 달려 달려라 달려
하늘은 청황적색 저녁노을 떠돌고
차창에는 담배 연기 서릿서릿 서릿서릿 풀린다, 풀린다,

풍푹칙칙 풍푹칙칙 뛰이
넘는다 고량(高粱) 수풀 파도치는 음—으음 언덕을
허물어진 사랑에는 아—아—아아 이별이 좋다.

달려라 달려 달려라 달려

한정 없는 동서남북 지평선은 저물고

가슴속엔 고향 산천 가물가물 가물가물 비친다, 비친다.

푹푹칙칙 푹푹칙칙 뛰이

건넌다 검정 다리 달빛 어린 음―으음 철교를

고향에서 못 살 바엔 아―아―아아 타향이 좋다.

달려라 달려 달려라 달려

크고 작은 정거장엔 기적 소래 남기고

찾아가는 그 세상은 나도 나도 나도 나도 모른다, 모른다.

노래는 그 시대를 반영하는 거울이라고 한다. 잘 알다시피, 1930년대는 세계적으로 궁핍한 시대였다. 뉴욕의 월스트릿가에서 시작된 대공황이 사람들의 삶을 짓눌렀다. 글로벌 경제 위기의 시기에, 그 당시 사람들이 농사를 짓지 않고 광맥을 캐러 산으로 다녔기 때문에 농지가 황폐화되었다. 김유정의 소설 「금 따는 콩밭」(1935)이 시대의 실상을 잘 증언한다. 노래도 그랬다. 김용환의 「금노다지 타령」(1936)이 그것이다. 나오라는 노다진 나오지 않고, 도라지가 나오니 애물이로구나. 그래서 먹을 것이 없던 사람들은 만주로 떠났다. 만주로 가는 철로의 이름이 '만주선'이었다.

이 노랫말의 화자는 만주로 살 곳을 찾아가는 유(이)민이다.

이 노랫말이 한 편의 시라면, 이 노래의 가사는 절박한 생활

감정이 적극적으로 개입되어 구조화된 역설의 표현이다. 나는 복각본 자료로 이 노래를 한때 즐겨 들었다. 학생들의 수업 자료로도 자주 활용했다. 이 노래가 만들어진 1938년의 통계에 의하면, 북간도에 백만 명 이상의 조선인이 살길을 찾아 만주로 갔다. 시인이자 대중가요 전문가인 이동순은 이 노래에 관해 이렇게 코멘트하기도 했다. 내가 평소 좋아하는 노래의 가치를 논한 글이 있어 반가웠다.

> 각 절(節)의 시작 부분은 증기기관차 엔진소리입니다. 이어서 전개되는 노래의 리듬은 열차속도처럼 급박합니다. 한편으로 그것은 생존의 절박한 리듬이기도 했습니다. (……) 가도 가도 끝없이 수수밭만 펼쳐질 뿐입니다. 시간이 갈수록 심리적 불안과 미래에 대한 불투명, 근심걱정으로 괴롭기만 합니다. 오죽하면 새로 찾아가는 그 세상에 대하여 '나도'를 무려 네 차례나 반복하면서 모른다고 도리질을 했을까요.

화자가 가는 그 세상은 어떤 세상인가? 그 자신도 잘 모른다. 미래를 예측하지 못하고 살아갈 수밖에 없는 답답함을 잘 표현하고 있다. 하지만 이 노래에서는 미래를 말한다. 그 세상은 미래요, 미지의 세상이다. 미국의 루스벨트 대통령 영부인이 언젠가 말한 바 있었듯이, 과거는 히스토리(history)요, 미래는 미스테리(mystery)다. 그러면 오늘은? 오늘은 프레젠트(present), 즉 현재인 동시에 신이 준 선물이다. 과거는 흘러 가버렸기 때문에 바꿀 수 없는 역사이고, 미래는 안개 속에 숨은 알 수 없는 미지의 것이다. 알 수 없는 시간인 미래와 낯선 곳인 이국(異國)으로 향하는 화자의 마음은 설렘보다 불안으로 가득 차 있다.

남인수의 노래 중에서 주목해야 할, 또 다른 숨은 명곡이 있다면, 나는 박시춘 작곡의 「고향은 내 사랑」(1954)을 들지 않을 수가 없다. 전쟁이 휘몰고 온 황폐함, 인정세태의 변화를 노래한다. 전쟁이 끝나고 고향으로 돌아오니, 사랑하는 사람도 어디론가 떠나가 이제는 보이지 않는다. 대중들은 노래 속의 '고향'을 작사자의 고향이 아니라, 가수 남인수의 고향인 진주를 떠올릴 것은 불 보듯이 뻔하다. 대중가요는 작곡자의 노래도, 작사자의 노래도 아니다. 대중에게는 그 노래는 가수의 노래일 따름이다. 남인수의 고향인 진주를 염두에 두고서, 「고향은 내 사랑」의 1절을 인용해본다.

찔레꽃이 피어 있네, 고향에 묵은 꿈속의 날
잘 가오, 잘 있소. 눈물로 헤어지던 날
그대는 대답 없고 구슬픈 산울림만 울려주니,
그때 피어 있던 찔레꽃이 피어있네.

나는 이 노래를 무척이나 좋아한다. 부르기도 좋아한다. 「울리는 만주선」이 부르기 위한 노래라기보다 듣기 위한 노래라면, 이 노래는 부르기 위한 노래이기도 하다. 하지만 이 노래를 일반인이 부르는 것을 한 번도 경험하지 않았다. 사실은 아는 사람이 거의 없는 노래다.

한 5년 전의 일이었던가?

나는 아귀 수육을 술안주로 좋아해 그날따라 속칭 땡겨서 두 사람에게 전화를 했다. 대학의 대선배이신 강희근 시인과 내가 재직하는 학교에 출강하는 조구호 선생에게 말이다. 오늘 막걸리 한 잔 할 수 있겠느냐고. 두 분 다 오케이였다. 중앙시장 후미진 구석에 앉아 꽤 많이 마신 듯하다. 주흥이 도도하여 큰 길 건너 노래방에 갔다. 두 분 다 평생을 거의 진주에서 보냈다. 모두 남인수를 무척 좋아하지만, 남인수 노랠 부를 자신이 없었던 모양이었다. 그래서 내가 이어부르기를 자청했더니 좋아들 했다. 첫 번째로 부른 레퍼토리가 바로 「고향은 내 사랑」이요, 두 번째는 두 박자 왜색풍이 아닌 세 박자 왈츠풍의 운치 그윽한 「낙화유수」였다. 물론 무성영화 제목인 '낙화유수'와는 아무런 관계가 없다. 모두 대여섯 곡을 내가 독점했다. 두 사람 모두의 눈이 휘둥그레졌다. 저 송희복이 학자인지, 딴따라인지 하는 눈치였다.

내 아버지는 대중가요를 무척 즐겼다. 부르는 면에 있어서가 아니라, 듣는 면에 있어서 말이다. 내 유년기에 유성기를 축약한 축음기가 개발되었다. 아버지는 소위 SP판을 돌리고 또 돌렸다. 아버지가 가장 사랑한 것이 남인수의 노래였다. 내가 초등학교에 입학할 무렵에는 아버지는 새로 등장한 신인 여가수에 매료되었다. 이미자였다. 아버지는 전축마저 샀다. 그 당시의 전축은 백 가구당 한두 집 있을까 말까 했다. 나는 「동백 아가씨」를 한 오백 번은 들었을 것이다. 아버지 때문에, 남인수와 이미자의 노래는 어쩔 수 없이 내 음악적인 모국어가 되었다. 어릴 때의 이런 경험이 있었는데, 노래방에서 남인수 대여섯 곡 정도는 가뿐히 소화하지 못하겠는가?

옛날 노래는 과거다. 남인수의 초창기 노래는 80년 전의 노래다. 단순한 과거가 아니라 먼 과거의 노래이다. 누군가 과거를 외국이라고 했다. 과거가 낯설고 소통이 잘 안 되기 때문이다. 그렇다면, 먼 과거는? 외국을 넘어 외계다. 진주교대 학생들에게 남인수의 노래가 외계인지 모른다. 학생들에게 어떻게 의미를 부여하느냐에 따라 수용 태도가 달라진다. 내가 학생들에게 복각본 「울리는 만주선」을 들려주고 잘 설명하면, 학생들도 뭔가 모를 감동도 받고, 아우라를 느낀다. 특히 그의 목소리가 예사롭지 않다는 것을 감지하곤 한다. 나는 수업 시간에 이 사실을 여러 번 경험했다.

나는 몇 년 전에 작고했지만, 하동 출신의 작사가 정두수 씨를 두어 차례 만난 일이 있다. 십 년도 넘은 일이다. 그에게 들은 얘기다. 1950년대 중반에 동래고등학교에 재학할 때 남인수와 현인의 노래 대결 콘서트가 있다고 해서, 몇 달 돈을 모았다고 했다. 두 사람은 순서를 바꾸어가면서 모두 열 곡을 불렀다고 했다. 두 사람 창법은 대조적이었다. 다섯 곡까지는 팽팽하다가, 남인수의 「꼬집힌 풋사랑」에 이르러 기울어지기 시작하더라는 것. 결국 팬심은 남인수 쪽으로 귀결되더라는 것. 이처럼 남진과 나훈아 라이벌전 이전에도 남자 가수 라이벌 전이 있었던 것이다. 먼 훗날에 가수 현인과 작사자 정두수는 하동 공연을 동행한 일이 있었다고 한다. 서울로 올라오면서 그때의 일을 얘기했더니, 현인이 그랬다고 한다. 남인수의 노래 실력 은 나보다 한 수 위라고. 성악을 전공하기 위해, 현인은 일본 유학까지 했다. 음악 교육을 전혀 받지 못한 남인수가 그보다 더 낫다면, 불세출의 가수는 만들어지는 게 아니라, 태어난다고 봐야 한다.

내가 음악 전문가도 아닌 터수에, 남인수의 창법에 관해 주제 넘은 평가를 한 적이 있었다. 2001년 6월에 발표한 글이라고 적혀 있는데, 어디에 발표했는지 21년 전의 일이라서 잘 기억이 나지 않는다. 이 글이 다행스럽게도, 나의 산문집 『꽃을 보면서 재채기라도 하고 싶다』(2008)에 다시 수록되어 있었다. 이 책의 209면에서 다음의 글을 인용하고자 한다.

한때 우리는 남인수의 노래를 듣거나 부르면서 생활의 위안을 얻으며 살아왔다. 남인수의 창법은 가녀린 발성, 심하게 변화하는 음폭(音幅), 감정의 기복 등으로 말해질 수 있는바, 우리 가요사에서 가장 개성 있는 창법의 하나라고 여겨진다. 누구나 흉내 낼 수 있는 소리이지만, 남인수가 아니면 아무도 노래될 수 없는, 남인수스러운 음색의 고유한 노래가 남인수 노래의 매력이다. 이 매력은 진주의 한없는 자랑거리이기도 하다.

남인수의 창법은 고음에서 빛을 발한다. 어쩌면 박수의 날카로운 넋두리 같기도 하고, 테너의 높은 음계에서 노니는 것 같은 발성법이기도 하다. 무엇보다도 그는 발음도 정확하다. 같은 경상도 출신이라도 현인과 이 점에서 다르다. 수도권 출신의 가수 중에서도 의도적으로 발음을 분명치 않게 하기도 한다. 조용필의 경우가 그렇다. 서울 출신인 이미자의 발음은 남인수처럼 정확하다.

3

남인수가 민족 가수가 아니라 친일 가수라고 목소리를 높이는 이들이 있다. 양심적인 발언이라기보다, 뭔가 정치적인 저의가 있는 발언이다. 나는 이들에게 묻고 싶다. 당신 같으면, 가수 여러 명이 함께 참가한 국책 가요를 부르겠느냐, 죽음의 굴 속 같은 탄광 속으로 끌려가겠느냐고. 한낱 가수가 무슨 힘이 있다고 군국주의에 대항하겠느냐고. 오점은 오점이다. 물론 오점 한 점이라도 자성의 교훈이 되어야 한다. 그렇지만 오점 한 점 가지고서 모든 존재의 너울을 뒤집어씌울 수가 있나? 오점 한 점보다 사회문화의 기여도가 중하고 귀하지 아니한가?

친일에도 경중이 있고, 강제성과 자발성이 있다. 일본 내의 혐한의 선구자는 뜻밖에도 한국 출신의 여성이다. 대한민국의 직업 군인이었던 오선화는 일본에서 오래 살다가 귀화했다. 한국에 관한 거라면, 아무런 근거도 없이 모든 걸 비판했다. 그를 두고, 사람들은 살아있는 이완용이니, 일본 극우의 애완견이라고 한다. 이 경우야말로 자발적인 친일이다. 남인수의 노래「감격시대」를 친일 가요라고 비난하기도 한다. 이런 유의 주장은 아무런 근거가 없다는 점에서, 도리어 오선화의 경우와 비슷하다고 말할 수가 있다.

이 대목에서 사족 하나 붙인다. 남인수가 가수되기 전에 군관학교를 입교하기 위해 중국어를 배웠다는 사실을 허투루 넘어갈 수 없다. 이 사실은 일본 장교가 되기 위한 것이 아니라는 것. 그가 가려고 한 데는 독립군 양성의 군관학교다. 이 군관학교는 중국 국민당 정부의 후원을 받았다. 중국어 배우는 이유 중의 하나다. 오선화처럼 제가 좋아서 하는 친일은 극히 드물다. 어쩔 수 없는 친일이라면, 왜 어쩔 수 없는지를 살펴보아야 한다.

애국가를 작곡한 안익태도 친일인가?

나는 누군가를, 혹은 무엇인가를 터무니없이 친일로 매도하는 행위야말로 실제로 친일한 행위보다 더 나쁘다고 본다. 조두남의「선구자」나 박시춘의「감격시대」가 친일의 음악이라면, 이에 합당한 결정적인 증거가 있어야 한다. 누군가 그러더라, 그러니까 그렇다더라, 하는 정도로는 안 된다. 거짓이 참을 이기지 못한다. 근거 없는 거짓은 그래서 부도덕하다. 사악하기까지 하다.

동백 아가씨와 아가씨 동백

이미자의 노래 「동백 아가씨」는 1964년에 발표되었던 일종의 트로트 곡이다. 작곡자는 백영호 선생이다. 올해(2020)는 그가 태어난 지 백주년이 되는 해이다. 진주에서 큰 병원을 운영하는 백경권 원장이 그의 장남이다. 부자는 부산에서 태어나 성장하다가 서울에서 작곡가로 활동하거나 학생으로서 학업을 이어오다가 진주에 정착했다. 아버지의 처가 사람들이 주로 진주에 살았고, 아들 역시 처향이 진주여서, 부자에게는 진주가 인연이 깊은 곳이기도 하다. 백 선생은 지금 진주에서 그리 멀지 않은 곳에 영면해 있다.

나는 그동안 살아오면서 유명했거나 성공했던 아버지를 둔 아들들을 적지 않게 보아 왔다. 이 중에서도, 아버지가 해온 필생의 업을 알리고 선양하는 데 그토록 정성을 기울이면서 열정을 쏟는 백 원장의 경우는 내가 그 동안 쉽게 보지 못했던 사례라고 하겠다.

1964년에 일본에서도 제목이 비슷한 노래가 발표되어 국민가요로 사랑을 받은 노래가 있었다. 「동백 아가씨」와 거의 동시에 발표된 「아가씨 동백」이다. 일본어로는 '안코 쓰바키'로 발음이 된다. '안코'는 한 섬마을의 방언으로서 언니, 또는 아가씨라는 뜻으로 쓰이는 말이다. 물론 '쓰바키'는 동백나무, 혹은 동백꽃을 가리킨다. 안코 쓰바키와 고이노 하나……아가씨(의) 동백(꽃)은 사랑의 꽃. 이 노래는 한국계 여가수로 유명했던 미야코 하루미가 불렀다. 한때, 우리의 「동백 아가씨」 못지않은 일본의 국민가요였다. 하지만 이 두 노래의 멜로디는 비슷한 구석이라곤 전혀 찾을 수 없다. 음의 구성에 있어서 전자가 화려하다면, 후자는 상대적으로 단순하다. 전자가 속울음의 비감을 기교적으로 표현했다면, 후자는 한결 직정적인 파고가 높다.

　두 노래 사이에 비슷한 점이 있었다면, 노래가 영화로 만들어졌고, 또 노랫말이나 영화의 내용이 도회지 총각에 대한 섬 처녀의 애절한 짝사랑을 주제로 삼았다는 사실이다. 그 당시에 두 나라가 도시와 시골의 경제적, 문화적인 격차가 있던 사회였음을 노래에 반영한 것이라고 볼 수도 있다. 하지만 두 나라는 서로 달랐다. 1964년이라면, 한국은 이제 막 산업화를 시작할 무렵이었고, 일본은 산업화의 완성 단계를 향유하는 시점이었다. 특히 일본은 이 사실을, 도쿄올림픽을 통해 세계에 알리려고 했다. 우리나라의 서울올림픽(1988)도 이러한 의도와 맥락에 놓여 있었다면, 한일 간의 산업화 격차 역시, 두 나라 간에 24년의 격차가 있었음이 쉽게 이해될 것이다.

산업화는 도시와 농어촌의 산업적인 차이, 도시에 의한 농어촌의 산업적인 배제를 전제로 하는 낱말이다. 산업화 시대의 농어촌민들의 상대적인 박탈감은 이루 말할 수 없었을 것이다. 사랑도 산업화 이전의 신분 개념처럼 위계화되었을 개연성이 높았다. 사랑도 아무나 하지 못하던 시절에, 영화 속의 낭만적인 사랑 역시 서울(혹은, 동경)의 멋진 청춘 남녀의 몫이었다. 이런 사정을 반영한 것이 산업화 시대의 노래와 영화인 동백 아가씨 및 아가씨 동백이었던 것이다.

백영호의 「동백 아가씨」가 인기 절정에 이르렀을 때 금지곡이 된다. 왜색가요라는 이유에서다. 그 당시에 한일 국교 정상화를 앞두고 국민들의 반일 감정은 하늘을 찌르고 있었다. 정부에서는 이 감정을 누그러뜨려야 할 정치적인 희생물이 필요했다. 인기 있는 가요 「동백 아가씨」가 이런 프레임에 딱 걸려들었던 거다. 아닌 게 아니라, 소위 왜색가요란, 코에다 걸면 코걸이요, 귀에다 걸면 귀걸이다.

우리나라 트로트 가요는 본디 유행가라고 지칭되었다. 1970년대 포크송 계열의 통기타 가수들이 새로운 문화를 형성할 때까지 유행가라는 이름이 유효했지만, 1980년대에 이르러선 뽕짝이라고 폄하되기 시작했다. 유행가는 1920년대 후반에 형성되었다. 이에 비해 일본의 소위 엔카는 식민지 조선에서 성장했던 고가 마사오의 노래 「술은 눈물인가, 한숨인가」(1931)로부터 시작된다. 유행가가 엔카보다 기원적으로 4년 앞선다. 그 역시 한국 속요에서 엿보이는 한(恨)의 정서를 수용했다. 애상적이라서 왜색인 것은 아니다. 한국의 유행가에는 일본 엔카가 자주 보여주었던 불륜의 사랑이 거의 없다. 엔카에 없는 부모 은공(恩功)이라는 유교 가치가 유행가에선 빛을 발했다. 이 대표적인 사례가 「불효자는 웁니다」가 아닌가? 노래에선 음악적 형식 못지않게 정서의 수용이 그만큼 중요하다.

백영호 선생의 탄생 백 주년에 즈음해 생의 마지막 터전인 진주에서 아주 조용한 분위기의 음악회라도 열렸으면 좋겠다고 생각한다. 코로나 사태를 더 지켜보면서 연말에 이르러서 말이다.

트로트 공주 오유진

한동안 코로나와 휴식년으로 인해 주로 집에만 있었다. 책과 신문으로는 눈이 피곤해져 귀를 열었다. 내 코로나 블루를 달래준 게 있다면, 한 해 동안 간헐적으로 들어온 대중가요다. 국악, 팝, 재즈, 블루스, 발라드, 엔카 등을 가리지 않았다. 이 중에서도 트로트의 재발견이 내 취향 중에서 가장 변화된 부분이었다. 이런저런 경험으로 생각하고 느껴온 지식인과 정치인의 허위의식을 잠시 잊을 수 있었던 건, 젊거나 어리거나 한 트로트 가창자의 순수한 목소리였다.

소멸될 것으로 알았던 트로트가 2년 전부터 부활하기 시작했다. 이에 관련된 경연과 예능 프로그램이 아연 활기를 띠고 있다. 특히 경상도 사람들에게 있어서 트로트 수요층의 폭은 매우 넓다. 전라도의 육자배기가 판소리와 친연성을 가지듯이, 경상도 메나리토리는 트로트와 유사성을 지닌다. 이런 비교문화론적인 이유 때문에, 경상도 사람들은 세칭 뽕짝을 즐긴다. 포

항에서 하동으로 이르는 동남 해안 지대는 트로트의 성지와 다를 바 없다. 그밖에도, 교방의 기예 전통이 있었던 대구·진주·밀양 등의 내륙도 트로트가 강세다.

최근의 젊은 트로트계에도 우리 경남 인물로 넘쳐나고 있다. 진해의 진해성은 10년 무명 설움을 딛고 한 경연에서 우승을 거머쥐었다. 진해의 별빛에 머물지 않고, 이제 전국의 금빛이 되었다. 엄청난 도전과 좌절을 겪으며 살아온 김해의 은가은은 다른 경연에서 톱7의 결승진출자가 되어 삶의 무게를 내려놓고 이제 가볍게 비상하려고 한다. 그가 살아온 스토리는 한 편의 휴먼 드라마다.

미성년자들의 약진도 두드러졌다. 김해의 성민지, 진주의 오유진, 하동의 정동원이 그들이다. 이 중에서 오유진은 엄청난 반향을 불러일으키고 있다. 한 경연에서 3위를 차지한 후에는 진주를 물들이고, 전국을 들썩였다. 진짜 소리를 자연스레 끌어올린다. 여기에다 가성을 짐짓 살짝 얹히기도 한다. 그리곤 올라간 소리를 끄집어 내린다. 이를 뒤집어서 제 자리에 놓는다. 트로트의 제 맛을 안다는 얘기다. 그에겐 장점이 너무 많다. 이해와 표현이 완벽하다. 가창력, 기교, 색소폰 연주 솜씨는 수준급. 하지만 최고 장기는 귀에 쏙쏙 박히는 것 같은 정확한 가사전달력과 발성법이다. 가요계의 김연아로 성장할 게 틀림없다.

진주의 가창문화는 연원이 자못 깊고, 전통의 흔적도 또렷하다. 19세기 진주 기생의 영제(嶺制) 시조창, 이선유의 판소리에 깃든 소리 그늘, 남인수의 각별한 음색이 만들어낸 미성, 김수악의 구음 시나위는 일세를 풍미했다. 진주의 소리는 앞으로 오유진으로 이어질 것이다.

한 경연에서 초등학생 두 명이 엄청난 선풍을 일으켰다. 국악 가요 신동의 출현이라며 다들 좋아라고 난리를 치고 있지만, 국악의 흐릿한 음색으로써 인생의 무거운 의미를 어른들이 요구하는 삶의 구석으로 투사하는 것을 보고, 난 이건 아닌데 하는 생각이 들었다. 아이의 노래는 어른들 세계의 대리만족물이 될 수 없다. 반면에, 오유진의 맑고 경쾌하고 단아한 목소리는 어른들이 스스로 즐거워하도록 이끌어간다. 이게 차이다.

귀 범 창 과 눈 화 공

내가 진주에 살면서 생활의 취향이 많이 바뀌어졌다. 교수가 되기 전에는 돈과 시간이 없어 개인적인 여행 한 번 제대로 못했던 나는 교수가 된 이후에 걸핏하면 해외로 여행했다. 일상이 산문이라면, 여행은 시였다. 나는 본디 유목민의 기질이 있었다. 하지만 생활의 여건이 허락하지 않아 골방에서 담배를 피워대면서 책 읽기와 글쓰기에 골몰하게 된 것이다. 또 하나 바뀐 것은 예술을 향유하는 갈래의 폭을 넓혔다는 데 있다.

진주에 와서 특히 이선유의 판소리와 박생광의 한국화에 관심을 크게 가졌다.

진주에서 활동하다가 세상을 떠난 이선유는 동편제의 명창이었다. 그의 소리는 단아하고도 견고했다. 그의 소리를 담은 복각본 CD를 들으면서, 나는 판소리의 미묘함에 매료되었다. 이때까지만 해도 나는 천상의 소리인 여창가곡만을 최고의 가치로 인정했다. 지금은 판소리가 여창가곡에 버금가는 진귀한 소리라고 내 스스로 인정한다. 이선유의 가계는 진주 예술의 인맥을 형성했다. 그의 여동생 이인자와 조카딸인 이윤례는 진주 검무의 명인으로 활동했고, 자신의 조카이자 양자인 이재호는 가곡풍 대중가요를 작곡함으로써 일세를 풍미했고, 또한 이재호의 진주중학교 제자인 이봉조는 이를 재즈풍 대중가요로 계승했다.

한국화의 한계는 수묵화의 유교적인 고립주의에 있었다. 그럼에도 불구하고 근대 6대가는 대체로 수묵화가였다. 우리의 채색화는 고구려 고분 벽화, 고려불화, 조선의 무속화와 민화로 이어져 왔다. 우리 회화사의 가장 빛나는 광채다. 그런데 우리 자신이 이 흐름을 비주류로 내몰면서 경시해 왔다. 자신에게 지워진 왜색(倭色)의 부담을 떨쳐내고 그 흐름을 창조적으로 계승한 박생광이야말로 우리 회화사를 다시 쓰게 한 작가이다.

판소리에서 '귀명창'이라는 말이 있다. 소리는 못해도 귀는 명창의 수준이라는 뜻이다. 단순히 애호가 수준을 넘은 판소리의 전문적 수용자를 가리킨다. 내가 「이선유의 판소리와 그 제자들」이란 논문을 발표한 적이 있거니와, 이선유의 판소리에 관심을 가지게 됨으로써, 나는 이선유 판소리의 '귀범창'이 되었다. 즉, 평범한 수준의 수용자라는 뜻이다. 박생광의 한국화의 경우는 어떤가? 나는 박생광이 채색화로 부상하기 전의 그림 석 점을 수집해 보관하고 있다. 한국화를 보는 눈높이가 전문가의 수준에 도달하려면, '눈화사(畵師)'라고나 해야 할까? 나는 아쉽게도 이 수준에는 미치지 못한다. 굳이 말하자면 '눈화공(畵工)' 정도는 될 것이다.

내가 진주에 와서 이선유와 박생광의 진가를 알게 됨으로써 판소리와 한국화를 향유하는 귀와 눈이, 비록 귀명창과 눈화사의 수준은 아니라고 해도, 귀범창과 눈화공의 수준에까지는 올랐다고 본다. 이 정도 오르는 데만 해도 많은 노력과 정성을 기울여야 한다는 것은 내 경험을 통해 충분히 확인할 수가 있다.

나는 그 동안 진주의 서화(書畵)를 적잖이 수집해 왔다. 어린 나이에 고종황제의 부름을 받은 매산 황영두가 만년에 남긴 여덟 폭 매화 병풍그림은 하나로 연결된 그림이어서 더 가치가 있다. 나는 이것을 어렵사리 구해 표구 전문가에게 다시 표구하게 했다. 그림 값보다 까다로운 재표구의 비용이 더 들었다. 그밖에 내가 지극히 사랑하는 양달석의 촉석루 풍경화이며, 아드님인 정도준마저 사진 속의 이미지를 보고 힘이 넘친다고 평가한 정현복의 참먹으로 된 몇몇 글씨이며, 내게는 진주와 연고가 있는 화인과 묵객의 주옥같은 작품들이 있다. 한 쉰 점은 되는 것 같다.

내게는 돈이 풍족하지 않았다.

그렇기 때문에, 저비용과 고효율의 원칙에 따라, 하나하나 모으는 데 혼신을 다했다. 내 진주 생활의 이삭줍기이다. 언젠가는 '진주의 서화—송희복 교수 소장전'이라도 열고 싶은데 그럴 가능성이 거의 없다고 생각해 정년을 앞두고 마련한 부산의 개인의 오피스텔로 모두 옮겨 놓았다.

마지막으로 한 번 더 생각키로 했다. 아무래도 진주의 서화는 진주에 두는 게 좋다고 하는 생각 말이다.

　기증을 염두에 두고 두 군데 기관에다 비공식적으로 타진을 해 보았다. 제 소장품을 받아주겠냐고. 두 군데 다 고개를 절레절레 흔들었다. 저장할 공간이 없다는 게 첫 번째 이유였다. 두 번째 이유는 말을 안 해도 안다. 자신들의 일거리가 많아진다는 것이다. 사실 옮기고 보존하는 게 그리 쉬운 일은 아니다. 예술품의 심미적인 값어치를 모르는 데 내가 굳이 기증할 필요가 있겠냐고 생각한다.

　얼마 전에, 진주에서 해운대로 주소지를 옮겼다. 해운대 구청에서 구민을 위한 작은 미술관이라도 만든다면, 기증을 적극적으로 검토해볼까, 한다.

제4부

모교와 직장

송천 김용태 선생의 탄생 백주년

내 마음속의 영원한 은사님 두 분

저기 쪼대생이 지나간다

우리는 강의 노동자가 아닙니다

내년이면 개교 백주년이

사범과 반면교사

송천 김용태 선생의 탄생 백주년

올해는 송천 김용태 선생의 탄생 백주년이 되는 해다. 하지만 그를 기억하거나 기념하거나 하려는 사람은 거의 없다. 그는 1921년 고성에서 태어났다. 대구사범학교에 재학할 때 비밀결사에 가입해 암약한 사실이 발각되어 옥고를 치렀다. 해방 이후에는 일찍이 교육계에 투신했다. 국어학자로서 마산대학에 재직한 다음에, 진주교육대학장이 되었다. 그의 인생의 황금기는 이 재임 시절(1969~1977)이었다고 할 수 있다.

내가 진주교대에 입학했을 때 그는 학장이었다. 1976년 3월 초, 이목구비가 뚜렷하고 풍신이 좋은 그는 120명의 신입생을 세워 놓고 입학식 기념의 뜻을 밝혔다. 오늘, 여러분은 나라의 부르심을 받았다. 예비 교사로서 소명의식을 가져달라는 말이었다. 강의하기를 무척 좋아해서 걸핏하면 신입생을 모아 특강을 했다. 나는 솔직히 말해 학교 공부에는 별로 관심이 없었으나, 한 달에 한두 차례 하던 학장의 특강에는 열렬히 호응했다.

그는 국어학, 역사학, 민속학, 국가안보론 등에 걸쳐 종횡무진으로 가르치고, 또 가르쳤다. 고성오광대에 관한 기록 필름을 보여주면서 열강하던 모습이 나의 기억 속에 남아있다.

가장 기억이 남는 것은 고대 신라어 '사무'에 관한 거였다. 이 말은 한자어 스승 사(師) 자에 해당하는 고대어라는 것. 향가를 지은 융천사니 충담사니 하던 이가 사무였단다. 불교의 고승이면서 동시에 화랑의 지도자인 사람에게만 붙이는 존칭이란 것. 이 말이 일본으로 건너가 '사마'가 되고 또 '상'이 되었다는 것이다. 본디 '사마'는 귀족에게만 사용하던 존칭이었는데, 근세 이후 평민에게도 '상'이란 존칭을 부여하게 된 것. 예컨대, 스즈키 상이니, 다나카 상이니 할 때의 그 상 말이다. 이 얘기를 들으면서 나는 낱말에도 이처럼 역사성과 다문화성이 있다는 사실을 두고 매우 신기해했다.

그해 정부에선 한 도에 한 교대만 존치한다는 정책을 갑자기 발표했다. 기존의 다섯 개의 교대가 사라져야만 했다. 광주교대와 목포교대, 춘천교대와 강릉교대 등 중에서 네 군데는 존폐가 이미 결정되었다. 경남 지역만이 진주교대와 마산교대 중에서 한 교대가 사라져야 했다. 전통이 있는 진주교대와 시세가 큰 도시의 마산교대 중에서 어느 학교가 없어질지에 관해선 아무도 몰랐다. 학교 존폐의 문제가 초미의 과제가 되었던 그해 가을에, 김용태 학장은 정계와 관계, 재경동문회 등을 설득해 진주교대가 존속하는 데 결정적으로 기여했다. 그는 진주교대 동문과 진주 시민의 은인이라고 할 수 있다. 이 일을 잘 마무리하고, 그는 바로 부산으로 떠났다.

그는 일제강점기의 독립운동가, 고대국어를 전공한 국어학자, 고성 교육구 교육감에서부터 시작해 교육기관장을 여섯 차례 역임한 교육행정가, 한글학회 부산지회장을 네 차례 연임한 한글운동가였다. 그는 고향 가까운 진주로 돌아와 20년 정도 여생을 보내다가 눈을 감았다. 나는 진주에서 직장 생활을 하면서 그가 점심 때 중앙시장의 죽 파는 집에 들러 지인들을 만난다는 얘기들을 전해 듣기도 했다. 그는 내게 자랑스러운 은사다. 그를 기억하고 기념하고 선양하겠다는 사람이 거의 없다는 현실이 무척 안타까울 뿐이다.

내 마음속의 영원한 은사님 두 분

1

열아홉의 낯선 진주는 몹시 따뜻했다. 1976년 3월의 진주에 감돌던 다사로움은 이례적이었을 것이다. 내가 진주에서 오래 살아서 잘 알지만 전국의 여느 곳처럼 춘한(春寒)이 있어야 했다. 평생 처음으로 가족과 떨어져 있어도 자유로웠다. 그때의 진주 도심은—지금은 구도심이지만—한적한 가운데 소형 버스와 자전거와 플라타너스와 표구사와 헌 책방이 눈에 띄는 곳이었다. 나는 틈이 나는 대로 헌 책방을 순례했다.

그 당시에 50년이 된 진주교는 2차선이었다. 지금은 폭이 몇 배 넓어졌다. 지금의 진주교 남단 차선 속에 있던 매우 작은 서점은 새 책을 파는 곳이었다. 내 평생 이 서점보다 운치 있고 앙증맞은 서점은 본 일이 없다. 상호는 내 기억에서 멀어져 가 못하지만 진주에서 내내 살아온 누군가는 강남서점이라고 했다. 부산 서면의 유명한 청학서점에도 없었던 책이 있었다. 김윤식의 『한국근대문예비평사연구』였다. 새 책이든 헌책이든 구하기도 어려웠고 책의 두께부터 압도적인 느낌을 주던 책이었다. 나는 대학 신입생 때부터 전문서를 만지작거렸던 것이다. 어렵게 돈을 지불하곤 하숙집으로 귀가하는 중에 내 마음은 이미 이 책을 다 읽었다. 이로부터 16년 후에 내가 「해방기 문학비평 연구」로 박사학위를 받고, 이듬해 내용을 덧붙여 문학과지성사에서 단행본으로 간행한 것의 시작도 이때부터라고 할 수 있겠다.

나는 진주 시절에 학생으로서 학교 공부보다는 책읽기에 더 집중하고 더 흥미를 가지고 있었다. 그때는 전혀 몰랐는데, 지금 생각하니 그때의 책 읽기가 미래에 대한 자기 투자를 한 게 아닌가, 한다. 진주에서의 책 읽기 버릇은 그 이후에 내 평생을 지배했고, 정년을 앞둔 지금까지도 이어져 오고 있다. 아마 나는 책을 읽다가, 언젠가 끝내 죽을 것이다.

2

만나는 사람마다 새로운 사람들이었다. 그 악다구니 같던 학군단 선배 외에는 다들 좋은 사람들이었다. 특히 국어과 교수님 네 분이 인품 좋은 분들이었다. 모두 교사 경험이 있었던 분이라서 그런지, 학생들에게 퍽 자상했다. 세 분은 젊었을 때 진주고등학교에서 함께 재직하기도 했었다.

　네 분 중에서 박종수 선생님은 연세가 가장 많으셨다. 내가 대학을 입학하면서 처음으로 뵌 학년 지도교수였다. 이 분은 합천 출신으로서 일제강점기에 경상남도 최고의 수재들이 들어갔다는 진주사범학교(심상과)에 제1기생으로 입학해 5년을 수학했고, 해방 전에 이미 교사가 되었었다. 이 분은 학생들의 생활 분야에 특히 관심을 많이 가지셨다. 전공이 국어학인 선생님은 구조주의 언어학에 학문과 교육의 바탕을 두고 있었다. 무엇보다 국어 사랑과 한글 사랑에 뜻이 매우 분명했고 반듯했다. 나에게는 나를 평생토록 한글주의자로 이끄신 분이기도 했다.

　선생님은 수업 시간에 이런 얘기를 하셨다. 표준어 '쇠고기'가 잘못 되었다고. 일제강점기에 조선어학회가 표준어를 만들 때 경남 출신의 학자들이 빡빡 우겨 '소고기'가 되어야 할 것을 쇠고기가 되었다는 것. 반세기가 되어가는 지금에 이르러서야 쇠고기가 소고기로 바뀌어가는 추세다. 내가 한마디 덧붙이면, 조선시대에 진주에서는 소주(燒酒)를 '쇠주'라고 했고, 지금도 경남 서북부 지역의 농사짓는 노인들 가운데 소를 '쇠'라고 하기도 한다.

　박 선생님은 학보사 주간으로서 내가 대학 2학년 때 쓴 발표문을 고치게 해 사진과 함께 전면에 실어주었다. 지면이 부족한 그 당시의 사정을 감안하면, 교수에게도 기회가 주어지기가 어려운 파격적인 일이었다. 학교에서도 이러한 수혜가 화제를 불러일으켰다. 내 스무 살 약관의 나이에 발표된 논문「문학의 언어철학적 접근」(1977)은 지금 보면 사뭇 부끄러운 논문이지만, 내가 발표한 최초의 논문이었다. 나에게 자신감을 심어준 선생님의 결정은 나를 훗날 학문하는 이로 성장시켰던 것이다.

무엇보다도 선생님은 개인적으로 나를 사랑하신 분이었다. 나는 고백컨대 학창시절에 선생님들로부터 개인적으로 사랑을 받은 일이 거의 없었다. 특출한 제자가 아니었으니, 그럴 수밖에. 나의 학창시절에 나를 사랑한 스승이 계셨다면, 박종수 교수님이 유일하다고 본다.

2학년 때 이런 일이 있었다. 교내 체육대회의 농구 부문에서 국어과가 우승을 차지했다. 결승에서 체육과를 더블 스코어 차이로 눌렀다. 강한 압박 수비를 피하기 위해 센터 서클 근처에서 내가 쏜 롱슛이 그대로 들어가기도 했다. 모든 교수님들은 국어과 학생들과 함께 저녁 식사를 했다. 이때 박종수 선생님께서 이런 말씀을 하셨다. "송 군은 '쉬비지기' 공을 잘 넣더구먼." '쉬비지기'는 쉽게, 어렵잖게, 라는 뜻의 경남 방언이었다. 지금도 이 단어가 귀에 쟁쟁하다. 선생의 지나가는 칭찬 한 마디가 학생의 뇌리에는 평생의 기억으로 남는다.

내가 1998년 모교의 교수로 부임한 직후였다. 교수로 재직하고 있는 선배 한 분이 그랬다. 자신이 1980년대 중반에 교수로 갓 부임했을 때 박종수 선생님으로부터 들은 얘기를 내게 전해주었다.

내 제자 중에, 또 ○ 교수의 후배 중에 송 아무개란 이가 있는데, 교사직을 그만두고 의지가지없는 서울에서 외롭게 공부를 하고 있네. 그가 먼 훗날에 피곤한 마음으로 모교라고 찾아와 인사라도 하면 따뜻하게 대해 주게나.

박 선생님은 젊었을 때 유도를 하시는 등 건장한 분이었는데 오랜 투병 생활 끝에, 때 이른 연세에 돌아가셨다. 나는 선생님께서 와병 중에 계실 때 진주에 가서 문병한 일이 있었다. 1990년 조선일보 신춘문예에 당선된 직후였다. 이때 내게 빨리 장가를 들라고 채근하셨다.

4

모교의 교수님 중에 또 한 분이 내 마음속에 뚜렷이 남아 있다. 현대문학이 전공인 김영실 선생님이다. 나와는 같은 닭띠로서 1933년에 태어났다. 고향이 부산의 다대포라는데 아버지가 일찍 돌아가서 외향인 김해에서 성장했다. 한글학자 허웅 선생은 이모부였다. (이 얘기는 우리 학교를 방문한 허웅 선생이 하신 말이다.) 가난한 성장 환경 속에서도 고학하면서 서울대학교 사범대학(국어교육학과)을 나왔다. 학창 시절에는 교무에 관한 보직 교수로서 일을 하셨기 때문에 학생들과 소원했다. 내가 재학 중에 수업 시간 외에 개인적으로 뵌 일이 전혀 없었다. 내가 1983년에 재상경한 후부터 모교에 찾아간 일이 적었다.

손에 꼽을 정도였다. 나 자신도 수도권에 뿌리 내릴 것을 원하고 있었다. 아무래도 학부 때부터 본격적으로 공부를 하면서 학인으로 성장했고, 또 비평가로서도 문학 활동을 계속 해온 곳이 서울이기 때문이었다. 하지만 학위 논문이 나올 때마다, 저서가 나올 때마다 모교의 은사님들에게 정성스럽게 보내드렸다. 마흔 넘어도 자리를 차지하지 못하고 있던 내게, 누가 무슨 신문을 보라는 얘기를 전해주었다. 모교에서 현대시 분야의 교수를 채용한다는 공고문이었다. 김영실 선생님의 후임이었다. 자신도 심사위원 세 사람 중의 한 사람이었다. 나는 이미 그때 열 권 가까운 저서를 냈다. 모든 저서를 상자에 싸서 소포로 학교에 보냈다. 내가 채용된 후에 감사의 인사를 드렸다. 공모자 중에는 대부분 저서가 없었다고만 하셨다. "그러나 저러나 자네는 곰 같은 사람이야." 선생님께서 한 말씀을 하셨다. 말씀의 뜻이 무엇인지 지금도 정확히 잘 알 수 없지만, 내가 미련하지 않고 약삭빠른 여우였다면, 내 뜻대로 더 일찍 수도권에서 교수가 되었을지도 모른다.

나와 김영실 선생님과는 내가 모교에 교수로 부임하고서 아주 밀접해졌다. 명예교수로서 강의도 오래 하셨다. 경상대학교 국문과 강희근 교수는 동국대학교 국문과의 대선배이다. 지금도 자주 연락을 한다. 이 분 역시 김영실 선생님의 진주고등학교 제자다. 연세의 차이가 10년인 두 분을 모시고 삼천포나 사천 등지의 횟집에서 식사를 몇 차례 한 일이 있다. 그러면 두 분은 옛 이야기의 꽃을 피운다. 듣고 있는 나 역시 덩달아 신이

났다. 전광석화처럼 지나가버린 내 진주 생활 24년을 돌아다보면, 이 일이 가장 행복한 추억의 순간이다.

신사적 풍모의 합리주의자이신 김영실 선생님과 자주 만나면서 10년간 좋은 사제관계를 유지하였다. 강의하러 나오실 때 가끔 점심이면 좋아하시는 복국을, 행사를 마친 저녁이면 몇 잔 정도의 주량에 지나지 않았지만 약주와 생선회를 드시게 자리를 마련했다. 나는 늦은 나이에 결혼을 했다. 늦은 만큼 주변 사람들의 축하도 많았다. 내 결혼을 가족 외에 가장 기뻐한 지인이 김영실 선생님이셨다. 당사자인 나로선 느낌으로도 충분히 알 수 있었다. 그 분은 일제강점기에 초등학교 시절을 보냈기에, 일본에 대해 관심이 많았다. 내가 일본에서 1년간을 체류하다가 귀국해 한일 대역 시집『기모노 여인과 캔커피』를 간행하기도 했다. 선생님께서 얼마나 꼼꼼히 읽었는지 일본어 표현의 문제점을 몇 가지 지적해주셨는데 정말 미시적인 시각을 가지고 계셨다.

어느 여름방학 때였다. 중국으로 가기 위해 서울 집에서 대기하고 있을 때 부음을 들었다. 시간적으로 진주에 다녀오기가 거의 불가능했다. 부의금만 전했다. 이게 늘 마음에 걸렸다. 하루는 꿈에 나타나셨다. 하얀 꽃무늬의 자주색 셔츠에다 하늘색 양복을 입은 선생님께서 007 가방을 들고 평소에 낮익은 진주의 골목을 지나가고 있었다. 그러면서 내게 이런 말을 했다. "어, 송 교수. 오랜 만이야. 술 한 잔 해야지." 내 죄책감이 잠재화되어 있었던 것, 또 이것이 꿈으로 드러난 것이다.

3

박종수 선생님과 김영실 선생님은 전통적인 의미의 스승이셨다. 학문보다 교육에 매진한 분들이었다. 제자들에 대한 사랑을 겉으로 드러내지 않고 마음속에 감추고 사셨다. 옛날 선생님들은 대체로 그랬다. 지금의 선생들은 학생들을 달래면서 다독거리면서 살아야 한다.

내 마음속의 영원한 은사님들이신 두 분. 겉으로 드러내지 않으면서, 보잘것없는 나를 인정하고, 키우고, 이끌어주신 분들이기도 하다. 나 자신을 냉정하게 되돌아보자면, 나는 두 분 은사님처럼 제자들에게 사랑을 베풀고 잘 이끌었다고 생각하지 않는다. 내가 해야 할 일인 공부에만 매달렸지, 두 분에 비해 교육자로서 이타적인 헌신의 삶을 살지 않았던 것이다. 지나고 보면 모든 게 돌이킬 수 없는 일이 되고 말지만, 나는 지금에 이르러서야 일말의 회한 같은 감정을 가지고서 눈앞의 정년을 앞두고 있다.

하지만 내 인생에서, 두 분 은사님께 배운 게 있다면, 적어도 이런 게 아닌가 한다. 교육은 성적보다 잠재적 능력을 실현해야 한다는 사실, 인간관계보다 인간됨을 추구해야 한다는 사실, 선생은 학생에게 선생의 고마움을 알게 해선 안 된다는 사실 말이다.

저기 '쪼대생'이 지나간다

나는 1976년에 진주교육대학에 입학했다. 전국적으로 교육 대학생 수급 정책이 잘못되어 발령이 두세 해 미루어지는 바람에 교사 임용은, 1970년대 중반에 최악의 상태에 빠졌다. 그래 선지 학생의 숫자를 점차 줄여나갔다. 내가 입학할 때는 가장 숫자가 적었다. 내 동기생들은 120명이었다. 지금은 남녀 학생을 구별하면서 선발하는데, 그때는 성별과 관계없이 전체 성적 순으로 합격을 시켰다. 남자 동기생이 40명, 여자 동기생이 80명으로 기억된다. 어쩌면 한두 명 오차가 있었는지도 모른다. 이 해 경쟁률은 역대 입학생 중에서 가장 높았다. 거의 7대 1에 가까운 경쟁 끝에 동기생들이 입학했다.

이제는 말할 수 있다. 아니, 말해야 한다. 그 당시에 진주 시민들은 진주교대를 '진주쪼대'라고 불렀고, 교대생을 '쪼대생'이라고 지칭했다. 이것도 지역의 역사라고 봐야 한다. 잘못된 일이라면, 잘못된 것으로 인식하면 그만이다. 쪼다들이 다니는 학교, 쪼다인 학생이란 뜻. 참 모욕적인 멸칭이 아닐 수가 없었다. 우리 동기생들은 대학 입학 자격고시에 합격하고, 또 치열한 경쟁의 벽을 넘어서 입학한 학생들이 아닌가? 더욱이 그때 교대생에게 혜택이 많았다. 일반 국립대학교 학생들보다 등록금, 입학금이 저렴했고, 게다가 국가는 모든 교대생에게 학기마다 국가 장학금을 지불했다. 무엇보다 취업이 보장되었다. 졸업을 하면, 누구나 국민학교 교사로 발령을 받을 수 있었다. 결국 우리 동기는 졸업 후 6개월 만에 대부분 발령을 받았다. 특히 남학생들은 소정의 학군단 훈련을 이수하면, 요즘 말로 5년간 대체복무를 하게 되는, 사실상 병역 특혜의 대상자였다. 지금 생각하면, 선망의 대상이 될 법한데, 멸칭의 대상이 된 게 도리어 이해가 가지 않는다.

1999년에 은사인 김용태 선생께 사적으로 들은 얘기가 있다. 고향이 고성인 당신이 대구사범학교에 다닐 때 반드시 정복(正服)을 입고 귀향했다고 한다. 그때 교복 중에서도 의식복과 외출복을 겸한 비평상복이 따로 있었던 모양이다. 국어사전을 찾아보니, 정복은 의식 때 입는 옷이라고 적혀 있다. 선생은 대구에서 고성으로 가기 위해선 마산에서 버스를 갈아타야 했다. 한 백 미터 정도 걸어가면, 수십 명의 사람들이 벌떼처럼 모여들어 자신을 에워싸면서 자신의 동선을 따르더라는 것이다. 저기 사범학교 학생이 지나간다고 하면서. 지금으로 볼 때, 정복을 입은 사범학교 학생은 아이돌 수준으로 대접을 받았다. 그들 모두는 정복 입은 학생을 선망하면서 따르는 구경꾼들이었다.

고향인 고성에서 하차해도 자신에게 사람들이 모여드는 건 마찬가지였단다.

내가 진주교육대학에 재학할 때 거리에는 시민들이 드물었다. 도심을 가야 오가는 사람들이 더러 있었다. 그것도 저녁 8시만 되면, 도심마저 적막에 휩싸였다. 교복을 입고 다니는 교대생들은 대번에 눈에 띄었다. 특히 남학생의 경우는 교복이 학군단복을 겸했다. 가방도 정해져 있었는지 거의 일률적이었다. 남학생이 군인 복장 비슷한 교복 차림에 가방을 손에 들고 지나가면, 길 건너편의 중고등학교 학생들은 자기들끼리 그랬다.

저기 쪼대생이 지나간다.

어른들이 우리를 우습게 보니, 애들도 우습게 보았던 거다. 가장 큰 원인은 산업화로의 사회 변화에 따른 사람들 마음의 변화다. 그 당시로부터 40년 전의 사범학교 학생에게 아이돌로 바라보며 선망하던, 산업화 이전의 민심은, 교대생을 세칭 쪼다라고 멸칭하면서, 저 참을 수 없는 존재의 가벼움 앞에 직면하기에 이르게 된 것이다.

나는 솔직히 말해 학교생활에 다소간 부적응자였지만, 내 동기생들은 이런 멸칭에도 아랑곳하지 않고 묵묵히 공부를 열심히 했다. 지금처럼 여자 동기생들이 남자 동기생들보다 학업 성적이 훨씬 좋았다. 그런데 안타까운 것이 졸업 후의 사회 활동은 정반대였다는 사실이다. 한 세대 전만 해도 여성의 육아 및 가사에 대한 부담은 사회 활동에 큰 부담이 되었다.

내 동기들 중에서 교장으로 승진한 경우는 대부분 남자 동기생들이었다. 이들 중에는 김해·통영 등의 시군 교육장을 역임한 이도 셋이나 된다. 박사 학위를 받은 이의 숫자도 적지 않다. 한 스무 명 안팎 정도가 아닐까, 한다. 이들도 대부분 남자 동기생들이다. 이 중에서 교수가 된 이는, 나를 포함해 네 사람이나 된다. 우리 동기는 미술 분야에 특히 뛰어났다. 채색 분야의 일가를 이룬 한국화가, 중부지방에서 활동 중인 서예가, 국제적인 사진작가, 서울의 잘 알려진 대학교의 미술교육 교수 등을 배출했다. 이 교수만은 여자 동기생이다.

그러나 내가 가장 자랑스러워하는 동기들은 승진을 못해도 다른 분야에서 이름을 떨치지 못해도, 우리나라 초등교육을 굳건히 지키면서 교사로서 오래 재직해온 이들이다. 나는 이들에게 마음속의 큰 박수를 보낸다. 내가 알기로는 우리 동기들 중에 세상을 떠난 지 그리 오래되지 않은 두어 명을 제외하면, 대체로 60대 중반으로, 혹은 몇몇 그 이후의 나이로, 경제적인 어려움이 없이 다들 조용하고도 건강한 노년을 보내고 있다.

우리는 강의 노동자가 아닙니다

—2015. 7. 6.

농부 두 사람이 있었습니다. 두 사람에겐 적당한 크기의 밭뙈기가 있었습니다만, 이것은 거의 맞물려 있었기 때문에 항상 분쟁의 소지가 되었습니다. 농부 두 사람의 밭에는 두 뼘 가량의 공유지가 있었기 때문입니다. 두 사람은 상대방에게 이 모호한 땅을 제 것이라고 우기곤 했습니다. 이들에게 만약 지혜가 있었다면 서로 한 뼘씩 나누어가졌을 것입니다. 그런데 한 사람이 마라톤 경주를 해서 승리한 사람을 땅 주인으로 삼자는 제안에 상대도 동의하여 마라톤 경주에 임하게 되었습니다.

지난 6월 24일 교수회의에서 경악할 만한 일이 일어났습니다. 성과 연봉제에서 평가의 항목이었던 강의 시수를 12시간으로 줄이는 대신에 한 시간 당 점수를 25점을 부과해 모두 75점이라는 특혜를 부여하자는 것입니다.

잘 알다시피, 우리의 강의 시수는 일주일에 고등학교 교사의 법정 시수에 해당하는 18시간까지 점수가 부여되어 있습니다. 고등학교 교사의 법정 시수가 18시간인 것에 비해 대학 교수의 법정 시수가 9시간인 까닭은, 대학 교수로서의 연구를 위해 마련한 법률적인 배려에 있었습니다. 우리 학교가 18시간까지 강의할 때 부여되는 점수의 지표를 마련한 것은 이 배려를 우리 스스로 무시하거나, 포기한 것에 다름이 없습니다.

이 사실은 우리가 마치 한두 뼘의 땅을 협상하지 못하고 마라톤 경주를 해야 하는 어리석은 농부들의 경우로 비유되지는 않나 하고 우려되는 대목이 아닐 수 없습니다. 저는 18시간이라는 마라톤 경주를 왜 스스로 해야 하나 하고 평소에 생각하고 있던 차에, 지난 6월 24일 교수회의에서 개혁안—사실상의 개악안—이 기습적으로, 전격적으로 제안되었을 때 참담하기 이를 데 없었습니다.

누구를 위한 개악인가?

이 유리한 '누구'는 저에게 보이지 않았습니다. 다만 명확한 것은 이 불리한 '누구'가 우리 모두일 수 있다는 사실입니다. 이 개악안이 특정의 몇 명에게 현상적으로 유리할지 잘 모르겠습니다만, 불특정의 다수에게 본질적으로 불리하게 된 시스템임은 우리 모두가 잘 아는 사실입니다.

존경하는 교수님 여러분!

우리는 왜 '강의 시수의 점수화'라는 족쇄를 우리 스스로 만들어놓고 우리끼리 경쟁해야만 합니까? 마치 어리석은 그 농부들의 마라톤 경주처럼 말입니다.

우리는 강의 노동자가 아닙니다. 우리는 보충 수업을 하면서 보충수업비라는 대가를 받는 중등학교 교사가 아닙니다. 우리는 강의도 해야 하고, 또 한편으로 연구도 해야 합니다. 우리는 법률적인 배려 속에서 충분히 연구할 수 있는 권리를 가진 국립대학교 교수입니다. 국립대학교에 재직하는 국민의 교수입니다.

하나의 정황을 설정해 봅니다.

A교수는 9시간만 강의하는 교수입니다. B교수는 9시간 외에 대학원 3시간 강의해 모두 12시간을 강의하는 교수입니다. 그날 제기된 개혁안에 의하면 B교수는 A교수보다 연간(年間) 234만 원의 초과 수당을 더 받습니다. 이것만으로 노력에 대한 보상이 충분히 이루어졌다고 봅니다. 이것도 모자라 성과연봉제 점수 75점을 덤으로 얹어줍니다. 엄청난 이중 혜택이지요. 법률에 의하면, 이중 처벌이 없듯이, 될 수 있는 한, 이중 혜택도 부과되어선 안 됩니다.

그날 교수회의에서 이 같은 개혁안이 제기된 것의 배경에는 강사료 절감 효과에 까닭이 있다고 했습니다. 성과연봉제 이전에는 우리 교수님들의 평균 강의 시수가 12시간에 가까웠다고 합니다. 아마 지금도 12시간 이상은 충분히 되리라고 봅니다. 과거나 지금이나 교수님들이 12시간 정도는 현실적으로 강의를 하고 있는데 불구하고도 12시간까지 강의할 수 있도록 유도

한다는 것은 아무런 인과관계도, 아무런 타당성도 가지지 못합니다.

교수님들이 12시간 정도는 강의를 함으로써 이미 강사료 절감이 이루어져 있는데 강사료 절감을 위해, 학진 등재 후보지 이상의 논문 한 편 발표하는 것보다 9점이나 많은 75점을 부과한다는 것은, '자다가 봉창 두드리는 소리'에 지나지 않습니다. 하나 마나 한 소리입니다.

강의 시수가 우리 교수님들의 경쟁거리가 되는 것은 우리 학교에만 있다고 합니다. 다른 학교에 이것이 있다고 해도 있으나 마나한 경미한 수준에 지나지 않을 것입니다. 떠돌아다니는 풍문에 의하면, 타(他) 국립대 교수들은 강의 시간의 수를 놓고 경쟁하고 있는 우리를 두고 웃음거리로 여기고 있다고 합니다.

타 교육대학교도, 이웃한 진주, 창원의 세 국립대학교에도 없는 것이 '강의 시수의 점수화'라는 자기 족쇄라면, 우리는 이에 관해, 더 나아가 남들에게 왜 없는지에 관해 알아보아야 하지 않을까요?

그날 교수회의 분위기를 살펴보자면, 다른 대학교에 이런 자기 족쇄가 있는지 여부에 대해서도 본부에서 전혀 모르고 있는 것처럼 여겨졌습니다. 알고도 모른다고는 하지 않았을 거라고 굳게 믿습니다. 그렇다면, 본부에서는 이 참에 이와 관련된 자료를 정확히 조사하고 그 정보를 정밀하게 분석해야 합니다. 그리고 조사된 자료와 분석된 정보는 즉각 우리 학교 교수님들께

공지되어야 할 것입니다.

　그날 교수회의에서 제기된 안은 미결된 사안으로 유보되고 말았습니다. 그런데 언젠가는 또 같은 방식으로, 강사료 절감 효과라는 미(未)검증된 모호한 상태에서, 기습적, 내지 전격적으로 제기되지 않는다고 결코 보장할 수는 없습니다. 교수님 모두가 충분히 인지한 상태에서, 알권리가 충분히 공유된 상태에서 제기되어야만이 그 제안은 유효하다고 봅니다.

　존경하는 교수님 여러분!
　우리는 왜 '강의 시수의 점수화'라는 족쇄를 우리 스스로 만들어놓고 애면글면 우리끼리 경쟁해야만 합니까? 남들이 안 하는 것을 점수화하고 또 이것도 모자라 더 강화하자는 논리. 이 논리야말로 도대체 무슨 논리라는 말입니까?
　이번 기회에 우리 교수님 스스로 지혜를 모아서 어리석은 그 농부들의 마라톤 경주와 같은 것을 아예 없애는 일에 관심을 가져주시기를 간곡히 호소하는 바입니다. 감사합니다.

내년이면 개교 백주년이

지금으로부터 9년 전의 일이었다. 2013년 초봄이었던 것 같다. 내가 재직하는 학교의 당시 총장(김선유)이 나에게 '진주교육대학교 개교 90주년 기념 축시'를 부탁해 왔다. 물론 공식적인 청탁이 아니라, 총장 개인의 부탁이었다. 개교 90주년 행사때의 낭송을 위한 것이 아닌가 여겼는데, 취지가 축시를 서예로 써서 교내의 교육문화관에 영구히 남기려고 한다는 거였다. 재직하는 학교의 동문이기도 한 나는 흔쾌히 수락했다. 축시를 쓰는 데 그리 오래 걸리지 않았다. 완성된 작품은 며칠 만에 총장의 이메일로 보내졌다. 총장은 시에 관해 잘 모르지만……하면서 매우 흡족해 했다. 시의 제목은 '성상(星霜)'이었다. 시는 산문시였다. 세로쓰기 서예로 작성하기에 좋을 것 같아서였다. 진주의 한글서예가로서 전국적인 명성을 지니고 있는 천갑녕 선생이 내 시를 서예로 표현했다. 학교는 지금도 이것을 액자의 형태로 잘 보존하고 있을 것이다. 본 사람은 많지 않다. 나 역시 실물로는 보지 못했다. 사진으로만 보았을 뿐이다. 공식적으로 자주 공개되었으면 하는 것이, 시를 쓴 나로선 바라는 바다. 시의 전문은 다음과 같다.

뒤돌아보면 아흔 개의 별과 서리가 있어라. 여기는 가르치는 것을 배우고 배운 것을 가르치는 일이 비롯하는 곳. 우리 기쁜 젊음의 터전이어라. 우리는 어기찬 숨결로 호흡하면서 처음의 마음으로 돌아가 보람찬 앞날을 향하려 하네. 앞으로 바라보면 별은 나날이 빛을 더할 것이요, 서리는 이슬로 한결 맑으리라. 참 아름다워라. 아흔 해에 내다보는 별빛이여, 이슬이여.

시의 제목인 '성상'은 햇수를 비유적으로 나타내는 단위이다. 박경리의 대하소설 『토지』의 예문을 보면, '고국을 떠나 열두 성상을 보낸 이동진의 모습에는 황혼이 깃들었다.'가 있다. 애국지사 이동진이 외국으로 망명한 지 12년이 되었다는 얘기다. 성상의 글자 그대로의 뜻은 별과 이슬이다. 별이 한 해에 한 바퀴를 돌고 서리는 해마다 추우면 내리기 때문에, 성상은 한 해 동안의 세월을 나타낸다. 내년이면 진주교육대학교는 개교 백주년이 된다. 내가 퇴임하고 일고여덟 달이 지나면, 학교의 역사는 어느덧 백년사(百年史)가 된다. 그야말로 내 모교는 일백의 성상을 보낸 것이다.

내년인 2023년의 4월 23일이 되면, 이 날은 진주교대(약칭)는 개교 백주년이 되고, 또 개교 2백주년을 향하는 첫날이 되기도 한다. 역사적인 참뜻이 느껴지는 감회의 날이 될 터이다. 나는 동문의 한 사람으로서, 재직한 교수의 한 사람으로서 백년이 되는 이 날을, 2백년을 향하는 이 날을 마음으로 축하할 것이다. 내가 이 날을 진심으로 축하하겠다면, 물론 덕담이 아니라 쓴 소리를 해야 하는 게 옳을 성싶다. 나는 지금부터 쓴 소리를 해야겠다.

우리 학교는 학생들에게 수요적인 인기가 있기 때문에, 앞으로도 우수한 학생을 유치하는 데는 큰 문제가 없을 것이라고 본다. 학생들은 학교에서 걱정을 크게 하지 않아도, 다들 저들이 알아서 학교생활을 잘해 갈 것이다. 문제는 진주교대의 학문적인 발전이 우리 학교의 미래상이 될 거라고 전망된다.

먼저 교수 채용의 과정에서 잡음이 없어야 한다. 대부분은 원만하게 진행되지만, 경우에 따라서는 문제가 복잡해지기도 한다. 이 문제는 애쳐 간단한 문제다. 교수 채용의 지원자들은, 누군지 몰라도 다 동학(同學)의 후배들이다. 20분 정도의 강의 실연을 하지만 가르치는 능력은 뚜렷이 검증이 되지 않는다. 확실한 검증은 제출된 논문과 저서를 통해서 이루어진다. 학문적인 수준은 교수라면, 누구나 알게 마련이다. 나보다 우수한 후배를 뽑으려면, 아무런 문제가 없다. 나와 비슷하거나 나보다 못한 후배를 뽑으려 하니까 문제가 생기는 거다. 젊은 교수일수록 공정과 공익의 문제에 민감하고, 또 반듯하니까, 앞으로 큰 문제가 없으리라고 본다.

교수 채용의 과정보다 중요한 것은 교수로 채용된 다음의 학문적 발전에 있다. 내가 교수가 되었으니, 이제 학생들을 위한 교육에 매진하겠다는 발상만큼 교수로서 잘못된 생각은 없다. 학문의 자기발전은 바로 교육에도 영향을 끼친다. 학문과 교육을 따로 떼어놓은 것부터 무언가 문제가 있다. 이처럼 따로 떼어놓으려고 하기 때문에, 순수학문과 교과학문 사이에 칸막이가 생기는 것이다.

　앞으로, 우리 학교는 교육대학교의 존재 이유 운운하면서 교과학문 전공자를 교수로 더 많이 채용하려고 들 것이다. 학문의 칸막이는 알고 보면 교육부의 소행이라고 보인다. 내가 재작년이던가, 친분이 있는 교수와 사적으로 만나 서울에서 술을 마셨다. 서울의 한 명문대학교 사범대학 교수인 그는 이런 말을 했다. "최근에 2년 간 사범대학장의 일을 맡아보니, 교육에 관한 한 교육부가 만악(萬惡)의 근원임을 알겠더라고요." 교육부는 우리 학교에도 겁박해온 것이 있었다. 교육부가 전공 일치를 명령하며 재채기를 해대면, 우리 학교는 너나없이 전공 불일치를 맹성(猛省)하면서 코피를 흘렸다. 연작이 홍곡의 뜻을 어찌 알리오! 교육부가 지금의 세계적인 추세라고 할 수 있는 융복합의 학제간 학문이나, 하이브리드형 인재 양성을 어찌 알겠는가? 정치권에서도 지금의 여성가족부처럼, 머잖아 교육부를 존폐의 기로에 세울 것이다.

　우리 학교는 교과학문인 '동굴의 우상'에서 나와서 너른 벌판 앞에 직면해야 한다. 순수학문을 원죄로 여기는 순혈의 교과주의자가 있다면, 특히 더 직면해야 한다. 앞으로 우리 학교에도 이런 교수가 필요하다. 저명한 학자, 대중적인 작가, 화려한 의상과 미성(美聲)의 소프라노……. 원리를 규정하고 접근 방식을 설계하는 인지 메커니즘의 하드파워는, 교육의 응용 프로그램에도 큰 영향력을 미친다. 인력의 상징성이 창작교육론이니 예술교수법이니 하는 개념에 선행한다. 오늘날에, 순수학문과 교과학문의 칸막이를 넘어서 서로 소통하는 것이, 제4차 산업 시대의 학문적인 비전이요, 통찰력이 아니겠는가?

물론 그럴 일이야 없겠지만, 혹시나 해서 나는 주의를 환기하려고 한다. 우리 학교의 전체 교수 중에서 순수학문 전공자가 교과학문 전공자보다 한 명이라도 숫자가 적어지는 순간이 온다면, 이 순간이야말로 별의 빛남이 어둑해지고 이슬의 맑음이 흐릿해지기 시작할 순간이리라. 대놓고 말하자면, 우리 학교가 점차 망해가는 시(작)점이 되리라고 본다. 그 종점은 아무도 모른다.

사범(師範)과 반면교사

내가 국립대학교 교수로서 발령을 받았던 지도 엊그제 같다. 세월이 물처럼 흐르는 것을 어찌 세월을 탓하랴. 세월이 흐르는데도 앎과 삶의 하나를 좇는 지식인으로서 내 생각이 크게 바뀌어지지 않는다면 정녕 부끄러운 일이다. 지금에 이르러 교육이란 게 무엇인지를 곰곰 생각해보니, 편견이 없는 사람을 길러내지 못했기 때문에, 세상에 인종차별, 소수자 차별, 증오범죄가 판을 치고 있는 것이 아닌가 하는 생각이 든다.

1998년 그때도 교대와 사대의 통폐합 문제가 수면 위에 떠올랐었다. 그러다가 이내 수면 하에 가라앉았다. 내가 정년을 앞둔 지금에 이르러 또 다시 교사대 통합이 거론되고는 한다. 나는 이 문제보다 더 긴요한 문제는 앞으로 임용될 교사들과, 교사들을 양성하는 대학의 교수들에 대한 도덕성의 질적 제고에 대한 문제의식을 가지는 것이라고 본다.

과거에 고등학교 과정의 사범학교가 있었고 지금은 종합대

학교 아래 사범대학이 있듯이, 사범(師範)이란 말이 있다. 한때 무술 도장이나 기원에서도 사범님, 하는 호칭이 일반적이었는데, 지금은 거의 사라진 것 같다. 한중일이 공통으로 쓰는 이 낱말은 근대어 같지만, 멀리『논어』에까지 거슬러 올라간다. 이르되, 학문을 도야함으로써 남의 스승이 되고, 이를 실행함으로써 세상의 모범이 된다. 이 공자의 어록에서, 스승 '사' 자에 모범(본보기) '범' 자인, 이를테면 사범이란 두 글자가 나왔던 것이다.

사범과 반대되는 낱말도 있다. 반면교사다. 이것은 중국 문화혁명 기간에 나온 것으로 보인다. 모택동은 '반면교재'란 말을 쓴 바 있었다. 마르크시즘과 마오니즘의 가르침에 반(反)하는 온갖 사상들을 가리킨다. 고대의 공자, 맹자로부터 시작해 동시대의 반동과 수정주의자에 이르기까지, 그렇고 그런 사상을 가진 모든 지식인들이 곧 반면교사다. 이런 예문이 있다고 하자. 제2차 세계대전 이후의 모든 사람들은, 대량살상의 주범인 히틀러를 인간성 회복의 반면교사로 삼아왔다. 딱 들어맞은 말은 아니지만, 그럭저럭 타산지석이라고 바꾸는 게 좋겠다. 모택동 어쩌고 하듯이, 발생기원적으로도, 썩 좋은 말이 아니니까. 어쨌거나 글자 그대로의 뜻에 따르면, 반면교사란 나의 삶에 전혀 도움이 되지 않는 선생을 말한다.

지금 왜 교육인가? 오늘은 9·11테러 20주년이 되는 날이다. 세상 돌아가는 걸 보면, 교육은 도덕적으로 무너지지 않는 사람을 길러내는 데 있다고 보인다. 그만큼 교사를 양성하는 대학의 교수들에게도 고도의 도덕성이 요구된다. 앞으로 교사가 될 학생들의 좋은 스승이 되기 위해서는 새 시대에 맞는 학문을 깊이 연마해야 하고, 생각이나 행동은 늘 모범적이어야 하지 않나?

예컨대 공익의 개념조차 모른 채 사익 추구를 향유하는 경우, 교내외를 가리지 않고 특정 종교의 활동에 여념이 없는 경우, 수업 시간에 정치적인 발언을 일삼거나, 학생들의 인권을 침해하는 경우……. 스승된 이로서 모범적이라고 어디 말할 수 있겠나? 대부분은 사익을 추구하지 않는다. 이를 추구하는 사람에게만 일상화되어 있을 뿐이다. 사익을 추구하는 사람은 자신이 사익을 추구한다는 사실조차 전혀 모른다. 또 가르치는 이의 폭언은 학생들의 마음속에 평생토록 상처를 남긴다. 지도 과정에서 폭언은 인정하지만 훈육을 위한 것이었다고? 이래선 안 된다. 교육이란 이름으로 자행된 인권침해만큼 더 이상 비교육적인 것은 없다.

이 대목에 이르러, 누가 내게 물을 수 있다. 당신은 사범의 유형에 해당되느냐, 반면교사 형에 해당되느냐고. 물론 내 자신이 스승된 자로서 모범적이라고 생각해본 적은 없다. 나를 거쳐 교단에 선 수많은 제자들 중에는 극소수라도 도리어 나를 반면교사로 삼는 경우가 있을지도 모른다.

사범이냐, 반면교사냐?

사실은 이 물음이 중요한 게 아니다. 가르치는 이는 언제나 자기 성찰을 멈출 수 없다. 학생들이 선생을 모범적으로 생각하며 존경해도 늘 성찰하고, 학생들이 선생을 못마땅하게 생각

해도 늘 성찰해야 한다. 이마저 없다면, 문제 중의 문제, 즉 두 겹의 문제다. 교대와 사대가 통폐합한다고 해서 오늘날 교육의 위기를 타개하는 게 아니다. 세상에 묘책이란 따로 없다. 근본의 생각으로 돌아가는 것이, 교육 주체의 도덕성을 질적으로 제고하는 것이 무엇보다 더욱 긴요하리라고 본다.